QUE SAIS-JE ?

Le Liban

JEAN-PIERRE ALEM

PATRICK BOURRAT

Cinquième édition

33e mille

DE JEAN-PIERRE ALEM

DANS LA COLLECTION « QUE SAIS-JE ?

Le Proche-Orient arabe (n° 819).
L'Arménie (n° 851).
L'Espionnage et le contre-espionnage (n° 1819).

CHEZ D'AUTRES ÉDITEURS

Histoire de l'Ecole Polytechnique, Lavauzelle.
Enfantin, le prophète aux sept visages, J.-J. Pauvert.
Juifs et Arabes, 3 000 ans d'histoire, Grasset.
Terre d'Israël, Seuil.
La Déclaration Balfour, Complexe.
L'espionnage. Histoire. Méthodes, Lavauzelle.

ISBN 2 13 044263 3

Dépôt légal — 1re édition : 1963
5e édition : 1994, novembre

108, boulevard Saint-Germain, 75006 Paris

INTRODUCTION

Le territoire du Liban est une bande étroite découpée le long de la côte orientale de la Méditerranée. Limitée au sud par Israël, au nord et à l'est par la Syrie, elle a une longueur approximative de 200 km et une largeur de 40 à 75 km. Sa superficie — 10 176 km² — n'excède guère celle d'un département français, tandis que sa population est de 2,5 millions d'habitants. Ces deux chiffres sont peu en rapport avec le rôle historique du pays, son expansion économique et la valeur humaine de l'expérience qui s'y est poursuivie pendant cinq siècles.

Malgré sa faible étendue, le Liban, avec ses paysages marins, sa côte opulente, ses montagnes vertes ou arides, ses plaines et son désert, est un pays extrêmement divers. Cette diversité et cette exiguïté, qui sont les caractères dominants du pays, lui ont permis de conduire jusqu'à nos jours une expérience singulière.

*
* *

La géographie physique du Liban est simple : l'examen d'une carte (p. 4) permettra de remplacer de longs développements par quelques brefs commentaires.

On peut, schématiquement, diviser le pays en quatre bandes parallèles :

1. La *plaine littorale*, évasée au nord dans l'Akkar — grenier à céréales du Liban — puis se rétrécissant vers le sud, à partir

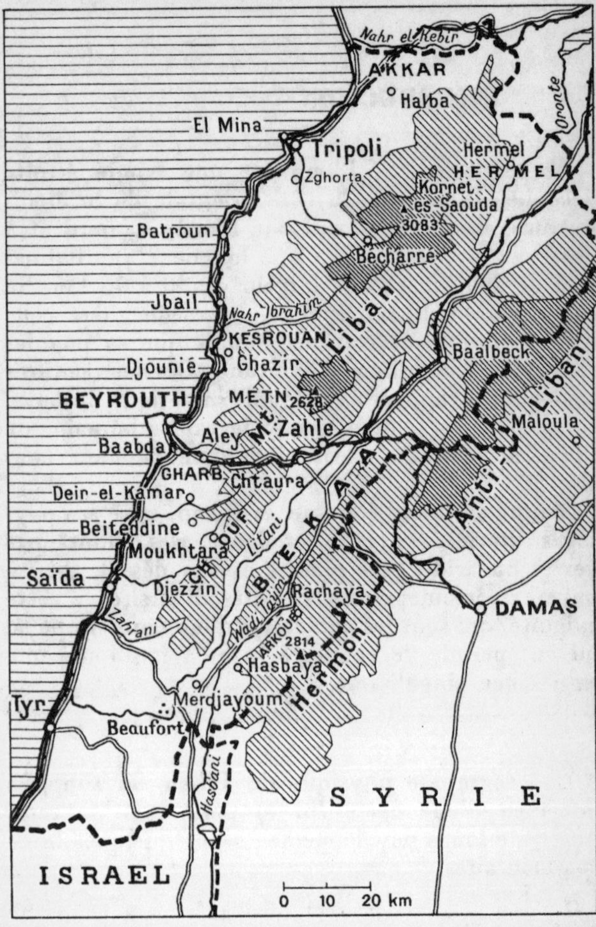

Fig. 1. — Le Liban

de Tripoli, en un ruban coupé de promontoires rocheux — Cheqqa, Nahr el Kelb. D'une extrême fertilité, elle constitue la région la plus riche du pays.

2. A l'est de la plaine côtière s'élève abruptement le *Mont-Liban*, longue arête nord-sud qui a donné son nom au pays (1). La montagne culmine au Kornet es Saouda (3 083 m), puis s'abaisse lentement vers le sud jusqu'aux monts de Galilée ; quelques rivières en descendent, creusant des gorges profondes dans ses massifs calcaires : le Nahr Kadischa, qui coule au fond de la vallée sainte, dans le plus merveilleux paysage du Liban ; le Nahr Ibrahim, ou fleuve Adonis, le Nahr el Kelb, ou fleuve du Chien qui sort des profondes grottes de Jeïta pour aboutir à un défilé historique, le Nahr Beyrouth, qui empuantit plutôt qu'il n'arrose la capitale.

Le versant occidental de la montagne est la région la plus verte du Proche-Orient. A défaut de forêts, on y trouve des bois de pins, un maquis assez dense dans le fond des vallées, de nombreux arbres fruitiers, et même quelques cèdres, vestiges de l'antique parure du Mont-Liban. L'aride versant oriental tombe à pic sur la plaine de la Békaa.

3. La *Békaa* est une vallée qui s'allonge entre les monts du Liban et de l'Anti-Liban. Un petit chaînon détaché du massif de l'Hermon la sépare de la dépression de Ghor qui lui fait suite jusqu'à la mer Morte ; longue de 120 km, large de 8 à 12, la Békaa descend de part et d'autre d'une ligne de faîte perpendiculaire à son grand axe, qui passe à la latitude de Baalbeck et dont l'altitude est de 1 100 m ; de ce faîte descendent au nord l'Oronte, au sud le Litani, le plus important des fleuves purement libanais.

4. L'*Anti-Liban* est la plus orientale des quatre bandes entre lesquelles se partage le territoire du Liban. Sa chaîne s'élève abruptement au-dessus de la Békaa jusqu'à un plateau désertique, large de 30 km et d'une hauteur moyenne de 2 300 m. La ligne de crête marque la frontière libano-syrienne. Comme le Liban, l'Anti-Liban s'abaisse vers le sud, pour se relever en territoire syrien dans le massif de l'Hermon, qui culmine à 2 760 m.

L'hétérogénéité physique du Liban a pour résultat une

(1) Liban, en arabe *Loubnan*, qui vient de *Leben* : lait ou blanc. Allusion sans doute, aux neiges abondantes qui couvrent les sommets en hiver, et qui persistent presque toute l'année dans les parties les plus élevées.

grande irrégularité dans la répartition de sa population. La zone côtière possède évidemment le peuplement le plus dense ; c'est là que l'on trouve les villes importantes : Beyrouth, la capitale proliférante qui groupe le tiers de la population du pays, Tripoli (400 000), Saïda, Tyr ; c'est là que se trouvent concentrées les principales richesses : appareil commercial, culture des agrumes, industrie (raffineries de pétrole, cimenteries). Sur le versant occidental du Liban s'étagent de nombreux villages entourés de vignes et de riches vergers. Dans la Békaa, une population clairsemée s'adonne à la culture des céréales et des légumes. L'Anti-Liban est désertique.

Inégalement répartie dans un pays cloisonné, la population libanaise est d'une extrême diversité ; elle se divise à peu près également entre Chrétiens et Musulmans ; mais chacune de ces communautés se décompose à son tour en groupes dotés de personnalités très particulières : chez les Musulmans on rencontre des Sunnites, établis dans la plaine côtière, des Chiites dans la Békaa et dans le sud du pays, et des Druzes dans la partie centrale du Mont-Liban.

Les communautés chrétiennes sont beaucoup plus diverses. Les Maronites constituent de beaucoup la plus importante, mais on trouve auprès d'eux les représentants de nombreux autres rites, les uns, comme eux, d'obédience romaine, les autres rattachés à diverses Eglises d'Orient ; enfin quelques milliers de protestants et de Juifs.

Ces communautés — si attachées à leurs particularismes qu'elles prennent quelquefois le nom de « nations » — ont élaboré et consacré — par des pactes traditionnels plus que par des textes — un régime politique dont la base est le confessionnalisme, c'est-à-dire le partage des responsabilités nationales entre les diverses communautés au prorata de leur importance numérique.

En droit international, le Liban est un Etat récent, puisqu'il n'a accédé à la pleine souveraineté qu'en 1943. Il ne faudrait pas en conclure que ce pays est une création artificielle ; bien au contraire, il a été façonné par les siècles ; quelques-uns des éléments de sa tradition remontent aux premiers temps de l'ère chrétienne ; la nation libanaise elle-même, dans toute sa complexité, apparaît dès le XVIe siècle, sous le régime de l'émir Fakhreddin II ; elle n'a cessé depuis d'être une création continue ; ses structures ethniques, politiques, sociales ne peuvent être isolées, décrites à un instant donné ; leur élaboration, leur évolution constituent leur définition même.

C'est pourquoi la plus grande partie de ce petit livre sera consacrée à l'histoire du pays.

PREMIÈRE PARTIE

LA PRÉHISTOIRE DU LIBAN

Chapitre Premier

AU SEIN DE LA SYRIE PAÏENNE CHRÉTIENNE ET MUSULMANE

I. — De la Phénicie à la Syrie romaine

Au mot Liban sont associés dans notre mémoire la Phénicie, ses trirèmes, sa pourpre et ses dieux cruels. Il n'y a pourtant pas grand-chose de commun entre les deux nations, sinon leur origine sémitique, et le fait que les Phéniciens furent les premiers habitants de la région dont l'histoire nous soit parvenue. Certes, des traces de peuples plus anciens ont été trouvées, en particulier à Byblos où les fouilles de l'archéologue Dunand ont mis à jour les vestiges de civilisations néolithiques et énéolithiques (Chalcolithiques).

L'histoire de ces peuples disparates que l'on a nommés cananéens commence à la fin du IVe millénaire, mais c'est seulement au XVe siècle avant notre ère que l'un de ces peuples, celui des Phéniciens, s'établit le long de la côte syro-libanaise, fondant une succession de villes indépendantes constituées en royaumes ou en républiques oligarchiques : Arados (Rouad), Bothrys (Batroun), Byblos (Jbail), Bérytos (Beyrouth), Sidon (Saïda), Tyr, Sébaste (Césarée), Ashkélon.

L'habileté des Phéniciens en tant que marchands et que marins est devenue légendaire, mais c'est dans un autre domaine que ce peuple s'est acquis le plus grand titre à notre admiration : ce sont les scribes de Byblos en effet qui inventèrent l'alphabet — une graphie composée de 22 signes qui allait être reprise par les Grecs, par les Romains, par tout l'Occident, et mettre fin au système cunéiforme.

C'est avec la conquête d'Alexandre (333 av. J.-C.) que prend fin, au profit de la Grèce, l'indépendance d'une Phénicie qui avait atteint un développement territorial comparable à celui du Liban actuel (1).

A partir de ce moment, le Liban n'apparaîtra plus comme une entité politique jusqu'au XVIe siècle. Il ne sera, pendant cette longue période, qu'une partie de la Syrie, une vaste région englobant non seulement la Syrie et le Liban actuels, mais aussi la Jordanie et la Palestine.

La domination gréco-macédonienne sur la Syrie dura près de trois siècles, de — 312, date de création du royaume séleucide, jusqu'à l'an — 64, où les légions romaines de Pompée s'emparèrent du pays et fondèrent la *Provincia Syria.*

Alors, pendant quatre siècles, la paix romaine s'étendit sur cette région. Bézyte (Beyrouth) devint un centre de culture latine, et des écoles y furent créées, qui annonçaient le futur épanouissement de son Université de droit.

II. — Naissance du Christianisme. La Syrie byzantine

Au cours de cette période romaine se produisit un événement qui allait bouleverser le monde, la naissance du christianisme.

A vrai dire, la nouvelle religion ne se propagea d'abord que lentement, les Syriens s'étant attachés aux grâces poétiques de la mythologie apportée par les Grecs et les Romains. Mais, à partir du règne de Philippe l'Arabe, premier empereur chrétien de Rome, les conversions se multiplièrent, non seulement parmi les Araméens autochtones, mais encore parmi des tribus arabes ayant émigré en Syrie, qui renoncèrent à leur litholâtrie primitive ; tel fut le cas des Tanoûkh, établis à cette époque dans la région d'Alep, et qui jouèrent plus tard un rôle important dans l'histoire du Liban.

A la mort de l'empereur Théodose Ier, en 395, l'Empire romain se partagea en Empire d'Occident et en Empire d'Orient, dont la capitale fut Byzance (Constantinople). Cette date ouvrit pour la Syrie l'ère byzantine, qui durera plus de

(1) Les Phéniciens ne s'étendaient pas jusqu'aux frontières orientales du Liban, mais ils avaient atteint la Békaa dont le nom même est phénicien ; ils sont probablement les fondateurs de Baalbeck : Ba al BéKaa, seigneur de la Békaa. Le long de la côte ils débordaient les frontières libanaises, au nord (Ras Shamra) comme au sud (Ashkélon).

deux siècles, de 395 à 624 ; c'est la moins glorieuse, la moins libérale de l'Empire ; elle devait être marquée de tragiques vicissitudes.

Les tracasseries fiscales et administratives imposées par Byzance conduisirent à une première vague d'émigration de Syro-Libanais qui fondèrent des colonies importantes dans les grandes villes d'Italie, d'Espagne et du sud de la France.

Les hérésies chrétiennes. — L'hostilité suscitée par Byzance favorisa également la naissance d'hérésies qui divisèrent le monde chrétien, et qui étaient fondées sur des interprétations différentes de l'interpénétration des deux natures divine et humaine dans le Christ (*nestorianisme* et *monophysisme*). L'empereur Héraclius voulut imposer une doctrine intermédiaire qui empruntait aux deux autres et qui devait, espérait-il, les supplanter : il ne fit que créer une nouvelle hérésie : le monothélisme. Cette initiative eut pour effet de créer, entre les Eglises de Rome et de Byzance, une rupture qui dura de 640 à 681, et prépara le schisme définitif de 1054.

III. — Naissance de l'Islam

Au VIIe siècle, l'Empire byzantin ne comptait plus sur ses frontières que des chrétiens hostiles. A l'intérieur même de la province syrienne, les hérétiques étaient nombreux. Il était donc mal préparé à résister au déferlement des hordes arabes que provoqua la naissance de l'Islam, troisième grande religion monothéiste, dont on peut fixer l'avènement à 622, date de l'établissement à Médine du prophète Mahomet, qui marque le début de l'hégire.

Les Bédouins surgirent d'Arabie quelques années plus tard. Rien ne résista à leur assaut. Damas fut prise en 635. Après la bataille du Yarmouk, ils devinrent maîtres de la Syrie. Leur chef, qui devait devenir le fameux calife Moawia, s'installa à Damas et y fonda la dynastie des Omeyyades. Sur la côte libanaise, pour combler le vide laissé par un exode partiel de la population, il installa quelques garnisons et des déportés politiques d'Irak — partisans d'Ali, que l'on devait appeler Chiites —, telle est donc l'origine principale de la population arabe des ports libanais.

Sous Moawia et ses premiers successeurs, les Chrétiens de Syrie (et, donc, du Liban) ne souffrirent d'aucune persécution. Ils étaient nombreux à la cour du calife et ils lui fournirent les cadres de son administration. Non seulement Moawia fit rebâtir à ses frais la grande église d'Edesse, détruite par un tremblement de terre, mais il épousa une femme chrétienne et fit son successeur du fils qu'elle lui donna. Par la suite, la condition des Chrétiens se dégrada, mais jamais leur liberté de conscience ne fut menacée ; leurs églises et leurs sanctuaires demeurèrent inviolés sur tout le territoire de la Syrie.

*
* *

La grande dynastie des Omeyyades périt par suite de l'hostilité entre *Yéménites* — Arabes du sud de la péninsule qui avaient conquis la Syrie — et *Qaïsites* — venus du centre de la péninsule, et qui s'installèrent plus tard en pays conquis.

Les califes omeyyades s'appuyaient naturellement sur les premiers. Mais les Qaïsites, s'alliant aux Chiites d'Irak, finirent par triompher. La dynastie des Omeyyades céda alors la place à celle des *Abbassides*, qui s'installa à Bagdad.

Souverains fanatiques et cruels (1), les Abbassides soumirent la population de Syrie à une dure tyrannie dont les Chrétiens furent les premières victimes. Leurs exactions ne tardèrent pas à provoquer une révolte chez les Chrétiens du nord du Liban (Monaitira). Après d'importants succès dans la Békaa, ils furent battus à Baalbeck, arrachés à leurs montagnes et dispersés en Syrie.

Au Xe siècle, l'Empire arabe se dédoubla. Tandis que les Abbasides conservaient l'Irak, une dynastie nouvelle, celle des *Fatimites*, établit au Caire le siège d'un nouveau califat, dont dépendit la Syrie.

C'est l'un des califes de cette dynastie hérétique, Hakim, qui fonda la *druzisme*, secte qui devait jouer un rôle essentiel dans la formation politique du Liban.

C'est sous le règne intransigeant des Abbassides que les derniers Arabes de Syrie demeurés Chrétiens — en particulier les Tanoûkh — sont contraints de se convertir à l'Islam. A partir de ce moment, et jusqu'au XVIIIe siècle, les Chrétiens de Syrie seront pratiquement tous de race araméenne.

*
* *

Dans le dernier quart du XIe siècle, un nouveau danger menace l'Empire des califes. Une horde redoutable venue du centre de l'Asie, celle des Turcs Seldjoûcides, déferle sur la Syrie. Alep, Damas, Jérusalem tombent en leur pouvoir ;

(1) Hâroun al Rachid est le plus célèbre d'entre eux.

seule la côte libanaise, de Tyr à Jbail, demeure aux mains des Fâtimites ; mais les gouverneurs locaux songent plus à s'y tailler des fiefs indépendants qu'à sauvegarder la suzeraineté du Caire. A Tripoli, un simple čadi fonde la dynastie des Banou Ammâr. D'Alep et d'Antioche jusqu'à la mer Rouge, la Syrie n'est plus qu'un pays en décomposition, où une multitude d'émirs locaux, appuyés de mercenaires turcs ou berbères, font peser sur les indigènes une insupportable tyrannie ; dans les régions montagneuses sont retranchées des sectes violemment hostiles à l'Islam orthodoxe. Le pays est mûr pour une nouvelle conquête lorsqu'en 1098 les Croisés paraissent sous les murs d'Antioche.

Chapitre II

LES COMMUNAUTÉS PRÉ-LIBANAISES AU XIe SIÈCLE

Avant d'aborder l'histoire spécifique du Liban, il est utile, croyons-nous, de dessiner les contours des communautés qui s'étaient formées et développées au Proche-Orient depuis le début des conquêtes romaines, byzantines et musulmanes, et qui peuplaient les territoires destinés à former la base du nouvel Etat ; les unes étaient rassemblées au sein de ces territoires (Maronites), les autres faisaient partie d'ensembles couvrant tout l'Orient (Musulmans). Mais toutes contribuèrent à la construction du Liban, où parfois elles cohabitèrent dans la paix, et parfois elles s'opposèrent avec une violence destructrice.

I. — Les Maronites

A la fin du IVe siècle vivait près de la ville de Cyr, dans la région d'Antioche, un pieux solitaire nommé Maroun. Lorsqu'il mourut, en 423, ses fidèles construisirent le couvent de Mar Maroun pour y déposer ses restes. Ce couvent prit vite une importance considérable ; il s'érigea en évêché et étendit sa juridiction sur une grande partie de la Syrie. Lorsque se répandit l'hérésie monothélite, au VIIe siècle, il semble que les moines maronites de ce couvent s'y soient ralliés, et même qu'ils en soient devenus les principaux défenseurs. Les auteurs de cette thèse avancent que l'un de ces moines, Jean Maron, devint en 685 patriarche d'Antioche — le troisième, car il existait déjà des patriarches melkite et jacobite d'Antioche — et que c'est à cette date que remonte la création de l'église maronite et le titre que portent ses chefs : patriarche d'Antioche et de tout l'Orient. Ce n'est qu'en 1182 que les Maronites seraient revenus à l'orthodoxie catholique après s'être rapprochés du patriarche latin d'Antioche, Amaury.

Empressons-nous de préciser que les Maronites eux-mêmes refusent absolument cette thèse et affirment n'être jamais sortis du giron de l'Eglise romaine.

Quoi qu'il en soit, qu'ils aient adhéré au monothélisme ou non, les Maronites ne tardèrent pas à subir les tracasseries des empereurs byzantins ; abandonnant la région d'Antioche, ils remontèrent alors le cours de l'Oronte et se fixèrent dans un premier temps à Rastan, entre Homs et Hama ; l'invasion arabe les poussa à reprendre leur migration ; afin de conserver leur autonomie, ils décidèrent de se retrancher dans les montagnes du Liban nord ; les premiers, longeant la côte, remontèrent ensuite la vallée de la Kadischa où ils s'établirent ; les autres vinrent les y rejoindre par la trouée de Homs et le col des Cèdres. Ainsi c'est cette vallée — la Vallée Sainte — qui constitua le premier établissement des Maronites au Liban vers le VIIIe siècle. C'est de là qu'ils se répandirent dans le Kesrouan, à Jbail, puis dans les fiefs druzes du Metn et du Chouf ; c'est à partir de ce noyau, par des mélanges avec des autochtones gréco-phéniciens de la côte, araméens de l'intérieur, avec les Mardaïtes (1), puis au moment des croisades et dans la région de Zghorta, avec des Francs et des Arméniens, que se constitua l'actuelle communauté maronite qui occupa au Liban une place prépondérante jusqu'à ces dernières années.

II. — Les Grecs orthodoxes

Les Grecs orthodoxes sont, au Liban comme en Syrie, les descendants des habitants de ces pays à l'époque byzantine, donc les plus anciens Libanais et Syriens. Ce sont aussi des Araméens plus purs que les Maronites, qui ont été mélangés de Mardaïtes, de Francs, d'Arméniens et d'Arabes convertis. Il est donc surprenant de constater que, dans leur comportement, les Grecs orthodoxes soient toujours apparus plus proches des Arabes mulsulmans que des Chrétiens.

III. — Les Métoualis

Les Musulmans qui peuplaient une partie importante du (futur) territoire libanais (généralement arabes, quelquefois araméens convertis) appartenaient pour le plus grand nombre

(1) Mardaïtes : peuple guerrier d'origine iranienne dont une partie se fixa au Liban au VIIe siècle ; elle se serait fondue dans la population autochtone, en párticulier parmi les Maronites.

à l'orthodoxie sunnite — de Sonna, tradition du prophète. Ces Sunnites, majoritaires dans tout le monde arabe, sont bien connus.

Les Chiites — de Chia, ensemble des partisans d'Ali — nous intéressent ici davantage parce qu'à leur branche centrale des *duodécimains* appartient une importante communauté du Liban, celle des *Métoualis*, et parce que c'est au sein de leur branche *ismaélienne* qu'est née la secte *druze* — pratiquement séparée de l'Islam aujourd'hui.

IV. — Les Druzes

Le grand émir Fakhreddin avait répandu en Europe, au XVIIe siècle, une légende d'après laquelle les Druzes seraient les descendants des Croisés échappés au massacre de Saint-Jean d'Acre, en 1291. L'ingénieux émir faisait dériver leur nom de celui du comte de Dreux.

En réalité les Druzes constituent une secte hérétique de l'Islam qui a pris naissance en Egypte à l'époque d'un calife fâtimite, et par conséquent d'origine ismaïlienne : Hakim, qui régna de 985 à 1021. Après s'être livré à un certain nombre d'extravagances que ses disciples prétendent calculées, le calife proclama un jour que la divinité s'était incarnée en lui. La nouvelle religion qu'il prêcha ne trouva pas d'adeptes parmi les Egyptiens lassés de ses exactions, et il ne tarda pas à disparaître au cours d'une promenade à âne, une nuit, dans la banlieue du Caire. Mais, avant de mourir il avait envoyé deux de ses affidés persans, Hamza et Darrazi (1), prêcher sa doctrine en Syrie. Ceux-ci s'arrêtèrent au pied de l'Hermon, dans les vallées du Wâdi-Taym (2) où pullulaient les petites sectes Chiites. Ils se heurtèrent à l'hostilité des Nosaïris, mais remportèrent de grands succès auprès des Ismaïliens. Puis Hamza fit assassiner Darrazi ; il transporta sa prédication dans la région d'Alep, et, pour éviter les querelles intestines qui risquaient de diviser la secte soumise à la pression d'un monde musulman hostile, il cessa tout prosélytisme et ferma la secte. *Le voile est tiré, la porte est fermée, l'encre est sèche et la plume est brisée.* Cette herméticité, unique dans l'histoire des religions, s'accompagne du secret (relatif) du dogme. Celui-ci est conservé par une caste d'initiés, les Ajaouides ; il comporte la croyance dans le retour de l'imâm Hakim et dans la métem-

(1) C'est de ce dernier nom que dérive véritablement le vocable : druze.
(2) Région de Hasbaya et de Rachaya.

psychose. A la naissance d'un enfant druze s'incarne en lui l'âme d'un Druze mort, la Chine jouant le rôle de régulatrice d'âmes. Le grand sanctuaire de la secte est demeuré Khalawat al Bayada, près de Hasbaya.

A partir du xe siècle, les Druzes d'Alep et du Wadi-Taym se regroupent dans la partie centrale du Mont-Liban : Chouf, Gharb et Metn, qui constitue encore leur habitat actuel. Ils dominent dès lors la montagne grâce à leurs qualités guerrières. « Ce sont — écrit l'historien Cotovicus — des montagnards actifs, belliqueux, pleins d'audace, excellents tireurs. Armés de cimeterres, d'arcs et de fusils, ils se les fabriquent eux-mêmes, leur pays fournissant du fer en abondance... Ils élisent des chefs appelés émirs et ne reconnaissent aucune autre autorité. » Les Druzes ont conservé, à travers les siècles, leur vaillance et leur particularisme ombrageux.

A la suite de diverses circonstances : rivalités entre clans druzes, lutte des émirs libanais contre la féodalité druze, puis, après les massacres de Chrétiens, en 1860, désir d'échapper à la répression — une partie des Druzes du Liban rejoignirent dans les montagnes du Hauran leurs coreligionnaires repliés de la région d'Alep. Ces montagnes prirent alors le nom de Djebel Druze. Elles abritent aujourd'hui la moitié de la communauté, l'autre moitié étant demeurée au Liban dans les régions que nous avons mentionnées ; l'ensemble compte environ 250 000 âmes. Comme nous le verrons par la suite, la communauté druze a joué un rôle capital dans l'histoire du Liban.

Chapitre III

LES CROISADES

I. — Les Francs et les émirs libanais

Il n'est naturellement dans nos intentions ni d'aborder l'histoire des Croisades, ni de polémiquer quant à leur justification ou leur condamnation. Nous désirons seulement envisager sommairement deux aspects de cette vaste entreprise qui éclaireront les circonstances dans lesquelles allait se construire le pays que nous appelons Liban.

1. **Rapports des Francs et des émirs libanais.** — Au temps des Croisades, le Liban n'apparaît pas encore comme une entité politique : les territoires qui le composent actuellement sont partagés entre le comté de Tripoli (jusqu'à Jbail) et le royaume de Jérusalem. Baalbeck et la Békaa font partie de la zone d'influence franque sans être rattachés à aucune de ses principautés. Cependant la côte méditerranéenne et surtout la montagne ont acquis une certaine spécificité. Alors que l'Empire fatimite se désagrège, dans la partie centrale du mont Liban cristallise lentement le noyau du futur Etat. Là règnent de petits émirs dont les plus notables sont les Tanoûkh, anciens Chrétiens contraints à l'apostasie sous le règne des Abbassides, puis convertis secrètement au druzisme ; les autres sont Musulmans.

La situation de ces émirs est difficile ; à l'ouest de leurs petits territoires sont installés les Francs ; à l'est s'étend l'Empire musulman ; aussi ont-ils recours à la *taqiya*, cette pratique musulmane qui concerne les fidèles en situation d'infériorité, et qui non seulement les autorise, mais encore les oblige, lorsqu'ils sont menacés par les adversaires de leurs croyances, à parler et à agir comme s'ils étaient des leurs.

En application de cette *taqiya*, les émirs s'engagèrent à assurer la sécurité du flanc oriental des Croisés de Beyrouth à Saïda : ils devaient empêcher les montagnards de piller les campagnes de la plaine, refuser asile aux rebelles, et même, s'ils en étaient requis, mettre des contingents militaires à la disposition des Francs. Pour prix de ces services, ils reçurent des sires de Beyrouth et de Saïda des « Fiefs de Soudée », et prirent rang parmi la noblesse franque.

Mais dans le même temps ces infidèles féaux correspondaient avec les pachas musulmans auxquels ils demandaient confirmation de leurs fiefs et qu'ils renseignaient sur les mouvements des Croisés.

Cette politique, pour si habile qu'elle fût, ne manqua pas de valoir de sérieux ennuis aux émirs équilibristes. Les Francs les convoquaient parfois à Beyrouth sous prétexte d'une fête, et les enfermaient dans la citadelle. Ou bien ils poussaient une pointe dans le Gharb et détruisaient leurs forts. D'autres fois, c'étaient les autorités de Damas ou du Caire qui les destituaient et confisquaient leurs biens.

On peut, dans cette politique dangereuse, mais peut-être inévitable, trouver l'origine des soudains renversements d'alliance qui, actuellement, nous surprennent tellement dans le comportement des partis et des factions libanais.

II. — Le commerce franco-sarrasin

1. Le commerce franco-sarrasin. — Une autre conséquence des Croisades fut la création du commerce franco-sarrasin. La mutuelle sympathie née parfois dans le subconscient des Francs et des Sarrasins provoqua quelques manifestations sentimentales, mais surtout elle suscita chez les Francs le goût de la vie orientale, de ses couleurs, de ses parfums, de ses épices, et c'est pourquoi des échanges commerciaux s'établirent entre les uns et les autres, bientôt si puissants qu'ils se maintinrent jusque dans les moments où les deux adversaires se combattaient avec le plus de férocité ; c'est ainsi que, sur des pistes de Syrie, les convois de prisonniers chrétiens croisaient les caravanes qui allaient porter à Beyrouth ou à Tyr des soies, du poivre et de l'encens.

De tous les ports que les opérations militaires n'avaient pas détruits, c'est Beyrouth qui connut à cette époque la plus grande prospérité. Prospérité qui s'accompagna d'un épanouissement culturel qui s'étendit, jusqu'à une récente et malheureuse époque, à tout le Proche-Orient.

* * *

C'est après les Croisades, et peut-être, donc, en partie grâce à elles — après la prise de Constantinople et l'établissement de l'Empire ottoman, au XVIe siècle, que commence l'histoire du Liban.

DEUXIÈME PARTIE

L'HISTOIRE DU LIBAN

CHAPITRE PREMIER

LE LIBAN DES ÉMIRS : LES MAAN

1. Apparition des émirs Maan. — Depuis le XIe siècle, les peuples venus du cœur de l'Asie déferlaient sur le Proche-Orient par vagues successives. L'une d'elles le submergea : en 1453, les Turcs Ottomans prenaient Constantinople, mettant fin à l'Empire byzantin qui avait jusque-là contenu l'expansion de l'Islam vers le nord.

Entre les Ottomans de Constantinople et les Mamelouks du Caire s'étendait la Syrie, cette proie qui avait suscité la convoitise de tous les souverains de l'Orient. Les Ottomans ne firent pas exception à la règle. Au début du XVIe siècle, sous le prétexte d'assurer la sécurité de la route du grand pèlerinage, leur sultan, Selim Ier, attaqua l'Empire du Mamelouk Ghoûri. Les deux souverains se rencontrèrent à la tête de leurs armées à Dâbiq, près d'Alep, en 1516. Les Mamelouks furent écrasés dans une bataille où Ghoûri trouve la mort, et qui livra la Syrie tout entière à leurs ennemis. Alep, Hama, Homs, Tripoli, Jérusalem, se rendirent à la première sommation, Damas fut enlevée en quelques jours. Maîtres du pays, les Turcs Ottomans devaient le conserver jusqu'en 1918.

Ces grands événements devaient avoir dans la montagne libanaise des répercussions importantes. Cette région était alors partagée en un grand nombre de principautés semi-autonomes : les Kesrouan et le pays de Jbail étaient l'apanage de la famille turcomane des Banoû Assâf. Les Banoû Saifa — Kurdes ou Turcomans — étaient installés dans la région de Tripoli, d'où ils surveillaient les tribus turbulentes de l'Akkar et de la montagne Nosaïri. L'Akkar et la Békaa étaient occupés par les Chiites, Hamâda et Harfoûch. Dans la Vallée Sainte, que tenaient solidement les Maronites, ceux-ci dépendaient de chefs locaux, les mokaddem, seuls responsables devant le pacha de Tripoli. Dans le Sud, le Wadi-Taym était partagé entre des chefs druzes, chiites et sunnites ; ces derniers, les émirs Chehab, alliés et apparentés aux Maan. En bref, chacun des replis du Liban était l'apanage d'une petite dynastie. Naturellement, ces principicules turbulents passaient leur temps à guerroyer. Non seulement les questions de race, de religion, et les querelles de voisinage les opposaient, mais encore les Ottomans les employaient à faire leur propre police en les jetant les uns contre les autres. La petite histoire du Liban au XVIe siècle est le récit d'une longue suite de batailles, de pillages et d'assassinats.

De la mosaïque des principautés émergeait cependant l'une d'entre elles, celle que gouvernaient les Tanoûkh, dont nous avons déjà parlé, et dont l'influence s'étendait bien au-delà du Gharb, leur fief originel. Les Tanoûkh paraissaient avoir vocation de fédérateurs. Malheureusement, dans la guerre qui opposa Mamelouks d'Egypte et Ottomans, ils ne firent pas preuve de la même habileté que leurs ancêtres : non seulement ils ne surent pas se partager entre les deux camps, mais encore ils choisirent le perdant, celui des Mamelouks. Les Ottomans victorieux les chassèrent de leurs fiefs et choisirent pour les remplacer les Banoû Maan, qui apparaissaient à ce moment sur le devant de la scène libanaise.

Installés depuis longtemps dans le Chouf, les Maan étaient des Druzes d'origine kurde, comme beaucoup d'autres grandes familles druzes : les Arslan et les Joumblat (Jamboulad) en particulier. Les Maan devinrent alors les plus puissants seigneurs du Liban central, en la personne de Fakhreddîn Ier, puis de son fils Korkmâz. Ni l'un ni l'autre ne surent conserver la faveur des Ottomans ; tous deux périrent assassinés.

Fakhreddîn II. — Le fils de Korkmâz, qui succéda à son père sous le nom de Fakhreddîn II à l'âge de 18 ans, en 1590, devait en revanche connaître un grand destin : « Du milieu des luttes mesquines où s'épuisait la vitalité du Liban, un homme allait surgir, lequel fixerait sur son énergique personnalité, pendant près d'un demi-siècle, l'attention de la Syrie et du monde chrétien » (1). Animé d'une haine farouche contre les Ottomans, qui avaient fait périr son grand-père et son père, le jeune émir, tout au long de son règne, consacra son énergie à les combattre, par la force et par la ruse.

Mais un simple émir du Chouf ne pouvait espérer résister à la puissance ottomane. Fakhreddîn commença donc par élargir son domaine. Il n'hésita pas à attaquer d'abord ses plus puissants voisins :

(1) H. Lammens, *La Syrie*.

les Banoû Saifa, qui, après avoir éliminé les Assâf, étendaient leur domination sur tout le Liban nord et au-delà. A la tête de ses cavaliers et de ses arquebusiers druzes, il les battit et s'empara de leurs domaines. Puis il soumit les Harfoûch, s'assurant la possession de la riche Békaa, et une voie de communication avec ses alliés druzes du Wâditaym. Se tournant ensuite vers les Bédouins et les Métoualis du Sud, il conquit la Galilée, étendant ses possessions jusqu'à Safed, Banias et Ajloûn, et s'assurant le contrôle des routes de Jérusalem et de la Palestine.

L'émir ne se contentait pas d'élargir son territoire. Il s'employait à développer son commerce extérieur, et cherchait des alliances en Europe. Ces deux préoccupations l'amenèrent à engager des négociations avec les Florentins, qui, de leur côté, tentaient désespérément d'aborder au Levant, d'où les avaient jusqu'alors repoussés leurs rivaux Vénitiens. Ces négociations aboutirent à la signature entre l'émir et le grand-duc de Toscane d'un accord de commerce assorti de clauses militaires secrètes, évidemment dirigées contre la Turquie. Fakhreddîn agissait comme un souverain indépendant et, qui plus est, comme un souverain hostile. Son audace avait cette fois dépassé les limites que Stamboul jugeait tolérables ; le sultan ordonna au gouverneur de Damas de marcher contre l'émir séparatiste et envoya une escadre de 60 galères croiser dans les eaux libanaises pour y soutenir ses troupes.

Le malheur de Fakhreddîn voulut que le gouvernement de Damas fût alors passé aux mains de Ahmed Hafez, un pacha habile, énergique et impitoyable. Hafez-pacha n'avait pas attendu les ordres de la Porte pour exciter contre Fakhreddîn un certain nombre d'émirs, qui supportaient mal son autoritarisme et ses exigences financières. Aussi, lorsque les troupes turques se mirent en marche, Fakhreddîn vit-il un certain nombre de ses indociles vassaux druzes se joindre aux janissaires du pacha ; au Wâditaym, quelques-uns des émirs Chehab, qui avaient été jusque-là ses plus fidèles alliés, se tournèrent contre lui. Hafez-pacha envahit le Liban et y commit de terribles dévastations ; l'année 1613, pendant laquelle se déroulèrent ces événements, demeura tristement célèbre sous le nom de « année de Hafez ».

Pour éviter la ruine complète du pays, Fakhreddîn résolut d'abandonner le pouvoir. Il chargea son fils aîné, Ali, aidé de son frère Younès, de gérer ce qui restait de ses domaines, et, s'embarquant sur un navire français, il gagna la Toscane. Chaleureusement accueilli par les grands-ducs Médicis, l'émir voyagea dans toute l'Italie. Il séjourna à Florence, à Pise, à Messine, à Palerme, à Malte. Il visita des arsenaux, des hôpitaux, des musées, il s'initia aux méthodes bancaires des Florentins, étudia les méthodes agricoles italiennes, rencontra à Rome les érudits maronites que protégeait le Pape.

L'exil de Fakhreddîn dura cinq ans. En 1618, son ennemi Hafez-pacha ayant quitté le gouvernement de Damas, il obtint du sultan l'autorisation de rentrer dans son pays et la restitution de ses domaines. Pendant les 17 ans que durera cette seconde partie de son gouvernement, il portera sa puissance à des sommets où il apparaît comme un prince de légende, mais d'où la chute sera tragique.

A peine a-t-il repris en main l'administration de ses domaines qu'il entreprend de les étendre à nouveau. Les Turcs le font attaquer derechef par les troupes du pacha de Damas. Mais ce n'est plus le redoutable Hafez qui commande les Ottomans. C'est un nouveau pacha, qui est vaincu à la bataille d'Anjar et fait prisonnier. Fakhreddîn a l'habileté de traiter le pacha avec des égards et de le renvoyer à son gouvernement comblé de présents ; si bien que la Porte feint d'oublier cet épisode. Quelques années plus tard, c'est le gouverneur de Tripoli que l'émir met à la raison. Puis il déborde ses frontières, envahit la Palestine et paraît à Naplouse et à Gaza, sur les routes de Jérusalem et de l'Egypte. Ces incursions laissent présager des ambitions qui inquiètent le sultan ; tout en reconnaissant à son vassal le titre étonnant de *soltan el barr* — sultan du continent — il se prépare à l'abattre. Le point de rupture est atteint une nouvelle fois en 1634, après que l'émir a accompli une action vraiment étonnante : il refuse à l'armée ottomane rentrant de Perse de tenir ses quartiers sur ses domaines. Les Turcs ayant passé outre et s'étant arrêtés dans la région de Tripoli, il va les attaquer, et, après une sanglante bataille, il les reconduit jusque sous les murs de Damas.

On ouvrit à Stamboul le dossier de l'émir, « lequel — écrit l'historien Mohibbî — avait atteint un tel degré de puissance qu'il ne lui restait plus qu'à prétendre au sultanat ». Fakhreddîn II, contempteur de la loi coranique, protecteur des Chrétiens, bâtisseur de monastères, accusé d'entretenir des intelligences coupables avec la Toscane, l'Espagne, et les chevaliers de Malte, fut condamné. Une puissante armée fut envoyée contre lui, tandis que la flotte allait bloquer le port de Saïda.

Cette fois, les moyens mis en œuvre étaient tels que l'émir ne pouvait vaincre. L'élite de son armée, et parmi elle ses deux fils Ali et Younès, périt dans la bataille de Wâditayn. Finalement, Fakhreddîn fut capturé par les Turcs. Emmené à Stamboul, il y fut exécuté le 13 avril 1635.

Le prestige de l'émir était tel que, pour éviter un

embrasement général de la montagne libanaise, le sultan dut confier sa succession à son neveu Melhem, puis au fils de celui-ci, Ahmed, qui mourut sans postérité mâle en 1697.

L'étroite surveillance à laquelle la Porte soumit ces émirs ne leur permit pas d'accomplir de brillantes actions ; mais ils gouvernèrent sagement, dans la tradition libérale de leurs grands ancêtres.

3. **L'armée de Fakhreddîn.** — Les succès militaires de Fakhreddîn constituent l'un des aspects les plus étonnants de son épopée. Qu'un simple émir libanais ait pu tenir tête aux armées ottomanes, qui avaient vaincu Byzance et les Mamelouks, paraît presque miraculeux. Quel était donc l'instrument de la puissance militaire de Fakhreddîn ?

Son armée se distinguait de celles de tous les émirs qui l'avaient précédé en ce qu'elle comportait un noyau régulier. Celui-ci était composé de *Sokman*, soldats de métiers en chômage qui erraient par bandes à travers l'Empire. Ils étaient d'origine albanaise, berbère, kurde ou turcomane et constituaient de rudes guerriers, dont la fidélité n'égalait malheureusement pas le courage.

Autour de ce noyau régulier se réunissait, en cas de guerre, l'armée traditionnelle et féodale du Liban. Celle-ci était composée essentiellement de Druzes et de Maronites, groupés autour de leurs émirs, de leurs cheikks et de leurs mokkadam. Les chefs combattaient à cheval, leurs hommes — arquebusiers et archers — à pied.

Sur les effectifs de cette armée, les chiffres fournis par les historiens diffèrent. Mohibbî parle de 100 000 hommes, mais ce nombre est certainement exagéré. Cinquante mille paraît être l'évaluation la plus raisonnable des effectifs maxima dont l'émir ait pu disposer (1). Cette armée était appuyée sur une série de forteresses dressées aux points sensibles de la montagne : Sobaiba, au pied de l'Hermon, défendait l'accès sud de la Békaa, Chakif Arroun (Beaufort) barrait les gorges du Litani, Chakif Tiroûn (Halaat Niha) surveillait Saïda, Safed la Galilée, Ajloûn le Hauran, Baalbeck le Hermel, et Markab la montagne des Nosaïris.

Cette petite armée, attachée à ses chefs et à son sol, avait la réputation d'être invincible dans sa montagne. Elle répugnait par contre à s'écarter du Mont-Liban. Ce sont ces mêmes caractéristiques que nous retrouverons dans l'armée de Béchir, qui porta plus haut encore le prestige et la gloire militaire du Liban.

4. L'œuvre de Fakhreddîn. — L'histoire n'a pas seulement conservé le souvenir des prouesses militaires de Fakhreddîn, mais encore de son œuvre dans tous les domaines qui s'ouvrent à un souverain ; car l'émir fut, en même temps qu'un habile général, un bâtisseur, un administrateur, un diplomate et un grand politique.

Bâtisseur, il se consacra à l'embellissement de Beyrouth, sa résidence d'hiver, et de Saïda, sa capitale. Avec le concours d'architectes français et florentins, il fit construire des châteaux à Saïda, sa capitale, et à Beyrouth, sa résidence d'été ; il fit surtout effectuer de grands travaux d'irrigation dans le Chouf et dans la Békaa, tracer des pistes, élever des entrepôts.

Il fut le premier à créer des imprimeries au Levant qui pouvaient produire des textes en arabe, en

(1) D'après M. Adel Ismail, l'armée régulière aurait compté de 12 à 20 000 hommes ; le nombre des partisans aurait varié de 40 000 à 60 000.

syriaque, en persan et en copte. Souverain libéral, il supprima toute discrimination religieuse entre ses sujets. Il conserva pendant tout son règne un ministre maronite, son ami Abounadir Kazen. Il introduisit les moines capucins dans le Chouf.

Mais la véritable gloire de Fakhreddîn, ce fut d'avoir fondé le Liban. Des principautés éparses qui, depuis des siècles, végétaient au flanc de la montagne, il fit un Etat. Sous son administration, il réunit tous les territoires qui forment le Liban contemporain. Il étendit même son autorité au-delà des frontières actuelles. Bien que le sultan Mourad IV lui ait attribué le titre de *soltân el barr*, avec l'autorité sur tous les Arabes entre « Alep et Jérusalem », les assertions qui portent à Palmyre et Sélémié les frontières de ses Etats paraissent tenir de la légende ; mais il est certain qu'il gouverna la montagne des Nosaïris (Alaouites) et toute la Galilée, avec Safed, Acre et Nazareth.

Non seulement il groupa sous une même autorité toutes les parties du Liban, mais encore il fit de celui-ci une entité administrative. Avant lui — et après sa mort jusqu'en 1860 — les territoires du Liban étaient ou furent répartis entre les diverses provinces ou pachaliks de Syrie, dont les sièges étaient à Alep, Damas, Tripoli, Acre ou Saïda. Pour la première fois, Fakhreddîn fut lié à la Porte par un lien de vassalité directe. Encore ce lien fut-il si ténu que l'émir noua des relations diplomatiques avec les puissances européennes ; on sait qu'il conclut un traité avec Florence, mais il négocia aussi avec l'Espagne, la France, les Chevaliers de Malte. Les étrangers le considéraient comme un souverain, *Princeps Sidoniorum*, et Louis XIII lui écrivait « très illustre et puissant Prince ».

Mais s'il mérita d'être considéré comme le fondateur du Liban politique, il est un titre de gloire plus haut encore que peut revendiquer Fakhreddîn : c'est d'avoir créé le Liban moral : « Sous le grand Fakhreddîn, Sunnites, Druzes, Chiites, Maronites et Grecs constituèrent un seul peuple, vivant tous côte à côte, dans un esprit de solidarité et de respect mutuel. »

Certes, Fakhreddîn succomba, et les frontières administratives de l'Etat qu'il avait fondé s'effacèrent de la carte. Mais le Liban, depuis lors, ne cessa jamais d'être une réalité vivante.

Chapitre II

LE LIBAN DES ÉMIRS : LES CHEHAB

1. **La famille Chehab.** — Les Ottomans ne profitèrent pas de l'extinction des émirs Maan pour soumettre le Liban à une administration directe. Le pays était beaucoup trop turbulent et, d'ailleurs, seule la perception du tribut annuel les intéressait vraiment. Ils choisirent donc de respecter le vœu des populations en confiant la région à une famille très anciennement amie et alliée des Maan, celle des Chehab.

La famille des Chehab est l'une des plus anciennes et des plus nobles de l'Orient. Son premier ancêtre connu, Malek, appartenait à la tribu du Prophète (Qoraich) et aurait pris part à la bataille de Yarmouk, qui livra la Syrie aux Arabes. Le khalife Omar l'aurait chargé de tenir garnison à Chahba, dans le Hauran, d'où le nom de la famille. Etablis au XIIe siècle au Liban-Sud, dans le Wadi-Taym, les Chehab s'y étaient distingués dans la lutte contre les Croisés. Ils avaient toujours considéré la montagne libanaise comme leur suprême refuge et avaient noué des liens d'amitié très étroits, renforcés de nombreuses alliances matrimoniales, avec la famille des Maan. Les Chehab demeurèrent musulmans sunnites jusqu'au troisième émir, Youssef, qui se convertit secrètement au christianisme ; son successeur Béchir II fut le premier émir à se proclamer officiellement chrétien (1).

(1) A cette époque, la famille Chehab se divisa en deux branches, l'une chrétienne et maronite, l'autre musulmane et sunnite ; toutes deux sont, de nos jours, brillamment représentées.

L'armée des émirs Chehab se révéla aussi redoutable que celle de Fakhreddîn. Grâce à cet instrument militaire, ils brisèrent l'étau des pachas Azem, dont la puissante famille avait réuni les deux pachaliks de Damas et de Saïda, qu'elle conserva pendant presque tout le XVIIIe siècle, et entre lesquels elle enserrait la Montagne. Les émirs libanais étaient devenus si puissants qu'au dire des chroniqueurs de l'époque « ils pouvaient dicter leur volonté aux pachas et leur porter impunément des coups ».

Les troupes de deux émirs, Youssef et Béchir II, entrèrent même victorieusement à Damas.

2. **Béchir le Grand.** — Le vaillant émir Youssef avait imprudemment accueilli à sa cour un jeune cousin, Béchir, qui, par ses calomnies auprès du pacha de Saïda, le fit arrêter et étrangler. Après l'avoir supplanté, il fit, par prudence, crever les yeux de ses trois fils. Il devint Béchir II qu'au terme d'un gouvernement de cinquante ans, les Libanais nommèrent « Béchir le Grand ».

Fidèle allié des Turcs, l'émir Béchir fut l'artisan de la victoire de Tibériade qui repoussa hors de Syrie les redoutables Wahabites, membres d'une secte puritaine et guerrière apparue dans le désert du Nedj, en Arabie. Non seulement il s'affranchit de la tutelle des pachas, mais encore il devint l'arbitre de leurs différends, et il leur imposa les décisions de Stamboul.

Une brouille passagère avec le sultan, aggravée par la trahison de son vassal et ami Béchir Joumblat, seigneur du Chouf, l'obligea à un exil temporaire en Egypte, où il fut chaleureusement accueilli par le vice-roi Mehemet Ali. Après son pardon et son retour, il reprit en main les troupes qui lui étaient restées fidèles et décida d'aller châtier Joumblat le félon. Bien que ce dernier ait réussi à réunir autour de lui la majorité des troupes druzes du Liban, Béchir l'écrasa au cœur même de son fief, à Moukhtara. Il le fit aussitôt étrangler. Ainsi disparut le plus grand seigneur terrien du Liban, plus riche que son suzerain. Cette exécution fut accompagnée de beaucoup d'autres, et Béchir put envoyer à Stamboul « plusieurs charges de têtes écorchées et salées ».

La victoire de Moukhtara marque le sommet de la puissance et de la gloire de Béchir. Son prestige dépassait alors celui du plus puissant des pachas de Syrie ; il n'allait pas tarder à sombrer dans l'aventure égyptienne qui le contraignit malheureusement à la plus humiliante abdication.

En 1831, en effet, Mehemet Ali ayant répudié la tutelle ottomane entreprit la conquête du pays qui avait toujours fasciné les souverains orientaux : la Syrie.

Béchir eut le tort d'embrasser la cause de son ancien protecteur et d'engager ses troupes aux côtés de l'armée égyptienne, composée d'Albanais et de Barbaresques d'une extrême brutalité, et que commandaient Ibrahim-pacha, fils de Mehemet Ali, et le Français Soleiman-pacha (colonel Sève).

Ayant répudié la tutelle ottomane, Mehemet Ali n'échappa pas à la règle qui veut que tout homme d'Etat solidement établi en Egypte ou en Anatolie cherche à s'assurer le contrôle de la Syrie. Entre autres raisons de la politique expansionniste de Mehemet Ali, on trouve son désir de renforcer par des contingents syro-libanais, beaucoup plus combatifs que les Egyptiens, le noyau albanais et barbaresque de son armée.

En 1831, 32 ans après Bonaparte, une nouvelle expédition partait du sol égyptien en direction de la Syrie. Commandée par Ibrahim-pacha — le fils de Méhémet Ali — et Soliman-pacha (1), elle conquit en quelques mois non seulement toute la Syrie, mais encore la Cilicie.

Béchir avait, dès le premier moment, embrassé la cause de son ancien protecteur. Mais, bien que ses troupes aient vaillamment combattu aux côtés de celles de Méhémet Ali, celui-ci envahit le Liban et s'y installa en maître. Soleiman-pacha fut désigné pour remplacer sur la côte les gouverneurs Chehab et s'installa à Beyrouth. Les troupes libanaises furent mobilisées pour combattre au seul profit des Egyptiens. Enfin, le pacha imposa aux Libanais une mesure qui leur était totalement étrangère : la conscription. Ces hommes, qui avaient toujours combattu dans leurs montagnes, et sous la conduite de leurs chefs traditionnels, furent incorporés dans des régiments égyptiens et envoyés en Anatolie, en Arabie et au Soudan.

C'en était trop ; une révolte éclata dans tout le pays. Elle fut réprimée avec férocité. Les exactions de Méhémet Ali laissèrent dans tout le pays d'ineffaçables traces de terreur et de haine.

Paradoxalement, les Libanais furent sauvés par les succès de leurs oppresseurs : à Nizib, près d'Alep, Ibrahim et Soleiman-pacha mirent en déroute la plus grande armée turque qui ait été levée jusqu'alors. Cette nouvelle victoire inquiéta la plupart des puissances européennes : Russie, Autriche, Prusse, et surtout Angleterre ne pouvaient admettre qu'un souverain étroitement lié à la France étendît sa domination sur tout le bassin occidental de la Méditerranée. Tandis qu'une expédition navale était préparée, les Anglais réussirent à généraliser et à sou-

(1) Soliman-pacha (colonel Sève) était le principal conseiller militaire français de Méhémet Ali.

tenir la révolte libanaise : toutes les communautés y participèrent. Après des combats héroïques, les chefs des insurgés formèrent un comité de douze membres qui se réunirent à Antelias, se jurèrent fidélité sur l'autel du sanctuaire maronite de saint Elie, et rédigèrent une proclamation politique qui exigeait le retrait des trois mesures de désarmement, de conscription et de réquisition, et l'institution d'un conseil des Communautés auprès de l'émir. Il était ajouté que l'acceptation de ces conditions devrait être avalisée par les représentants de la France et de l'Angleterre.

La « journée d'Antélias » marque une date capitale dans l'histoire du Liban. Bien que l'actuelle tradition libanaise considère le « Pacte national » de 1943 comme la Charte communautaire du pays, c'est en réalité un siècle plus tôt, le 8 juin 1840, que Maronites, Grecs, Druzes et Musulmans du Liban scellèrent leur alliance et associèrent leurs destins.

La révolte libanaise hâta l'intervention étrangère. Ibrahim-pacha, peu soucieux d'affronter, outre les Libanais et les Turcs, les trois quarts de l'Europe, replia son armée sur Damas.

Bechir II se rendit aux Anglais qui l'exilèrent à Malte (1840). Un an plus tard le sultan l'autorisa à s'établir à Stamboul. C'est là qu'il mourut en 1850, riche et respecté, à l'âge de 87 ans.

Si les Libanais lui donnèrent un nom prestigieux, c'est qu'oubliant sa duplicité et sa cruauté ils se souvinrent de son courage, de sa gloire, de sa « grandeur ».

La dynastie des Chehab ne survécut qu'une année à l'abdication de Béchir II. La disparition d'une autorité et d'un adversaire communs fit oublier les résolutions d'Antelias. A l'automne 1841, les

Druzes, poussés par les agents anglais, fondirent sur les Maronites. C'est dans le Chouf, à l'automne de 1841, que les troubles éclatèrent. A la suite d'une rixe, les Druzes de Baklin attaquèrent les Chrétiens de Deir el Kamar ; cette opération fut comme un signal. En quelques jours, toute la Montagne s'embrasa. De Hasbaya, le Druze Chibli el Arian — que les Turcs avaient installé à la place d'un Chehab — accourut à la tête de ses partisans, se jeta sur Zahlé ; repoussé avec des pertes sanglantes, il se vengea en incendiant les villages environnants.

Les Maronites, auxquels s'étaient joints les Métoualis, levèrent la traditionnelle bannière de la croix et contre-attaquèrent. Les Turcs intervinrent alors ; mais au lieu de s'interposer entre les combattants, ils désarmèrent les Chrétiens. Béchir III atterré, impuissant, vint à Beyrouth remettre son abdication au général ottoman Mustafa-pacha ; il fut envoyé à Stamboul.

Béchir III fut le dernier émir qui ait gouverné la Montagne. Le Liban des Maan et des Chehab finit avec lui.

Chapitre III

VERS L'INDÉPENDANCE

1. **Le double « Caïmacamat ».** — Après l'abdication de Béchir III, les Turcs décidèrent de rétablir au Liban le régime de l'administration directe. Avec subtilité, ils adoptèrent la solution du double *Caïmacamat*, fondée sur l'hypothèse qu'au nord de la route Beyrouth-Damas, le Liban était peuplé de Maronites, au sud de Druzes ; le pays était en conséquence partagé en deux districts *(caïmacamats)* nord et sud administrés, le premier par un Maronite, le second par un Druze.

Cette solution présentait du point de vue ottoman deux avantages : en rattachant le *caïmacamat* nord au pachalik de Beyrouth, le *caïmacamat* sud au pachalik de Saïda, en intégrant les parties du Liban dans de vastes provinces syriennes (1), elle permettait de refuser au pays son unité administrative. Elle contenait ensuite un ferment de discorde en créant des minorités : Druzes du Metn au nord, Maronites du Chouf et de Saïda au sud.

Après quelques années de calme, ce régime aboutit au massacre de Chrétiens par les Druzes, en 1860.

(1) Rappelons que le Liban n'avait constitué une entité administrative que pendant une brève période, au temps de l'émir Fakhreddîn. Mais les émirs Chehab avaient forgé au pays une unité politique qui avait fait perdre de vue sa division administrative.

Les Chrétiens étaient beaucoup plus nombreux que les Druzes (quatre fois plus selon des statistiques évidemment incertaines), et ils avaient prouvé dans le passé leur valeur guerrière. Mais leurs structures sociales s'étaient décomposées.

Ayant réalisé un accord secret entre leurs communautés de la Montagne, du Wadi-Taym et du Hauran, au début de 1860, les Druzes mirent en application un plan d'extermination, qu'ils n'avaient pas conçu seuls. L'attaque débuta le 26 mai. Avec la complicité parfois active des garnisons turques, eurent lieu d'épouvantables massacres, dont la responsabilité incombe d'ailleurs aux Turcs et à la populace musulmane autant qu'aux Druzes (1).

En quelques jours 6 000 Chrétiens furent massacrés au Liban, 5 000 à Damas (2). Naturellement, les Puissances s'émurent. En septembre un corps expéditionnaire français fut débarqué sur la côte. Inquiet, le gouvernement turc envoya au Liban son remarquable ministre des Affaires étrangères, Fouad-pacha, pour y rétablir l'ordre.

Fouad-pacha proposa aux Français d'occuper Deir el Kamar tandis que l'armée turque couperait la route du Hauran et rabattrait sur les Français les Druzes massacreurs d'Ismaël el Attrache et de Saïd bey Joumblat, qui, chargés de butin, tentaient de gagner l'asile du Djebel Druze. Mais, volontairement ou non, les Turcs arrivèrent trop tard pour intercepter les fuyards.

Le pacha se devait toutefois d'agir énergiquement. Il le fit « non d'après les règles de l'équité, mais d'après le calcul approximatif des condamnations

(1) La généreuse intervention de l'émir Abd el Kader sauva en cette circonstance des milliers de Chrétiens.

(2) Le nombre total des victimes fut évalué à 22 000.

qu'exigeait l'Europe » (1). Le pacha de Damas fut exécuté, celui de Beyrouth destitué, 150 individus furent pendus ou fusillés, une centaine d'autres exilés en Tripolitaine.

Les Français ravitaillèrent les Libanais, empêchèrent de compréhensibles mais fâcheuses représailles, prirent en charge l'éducation des orphelins, donnèrent un nouvel élan aux œuvres hospitalières et scolaires. Ils aidèrent les Libanais à conserver une patrie.

2. **L'autonomie du Mont-Liban.** — En 1914, la Turquie, ayant déclaré la guerre aux « Alliés », dénonça au Liban le statut que ceux-ci avaient imposé. Elle nomma un préfet turc qui précisa la nouvelle situation dans le premier message adressé à ses administrés :

« Ma promotion diffère de celle des gouverneurs précédents, désignés avec l'approbation de six puissances. La volonté de notre Auguste Maître m'a désigné directement. Cette décision indique clairement que la Turquie a aboli les protocoles existant entre elle et les puissances, tant pour le choix des gouverneurs que pour l'administration de ce *sandjak.* »

Pendant quatre ans le Liban subit la sinistre activité des cours martiales. La répression y fut plus sévère que dans les autres provinces arabes de l'Empire ottoman, car s'étaient des Libanais — et, curieusement, des Libanais chrétiens — qui œuvraient, depuis 1847, pour la renaissance du nationalisme arabe.

Ce sont Nassif Yazigi et Boutros Boustani qui fondèrent à cette date, à Beyrouth, la *Société des Arts et des Sciences*, première de ces associations culturelles qui devaient proliférer dans tout l'Em-

(1) De La Gorce.

pire ottoman et devenir les foyers d'une politique réformiste, puis révolutionnaire. C'est Ibrahim Yazigi, fils de Nassif, qui, en 1868, lança le premier appel nationaliste : *Arabes, réveillez-vous*, la *Marseillaise* de l'Arabisme. Ce sont encore des Chrétiens libanais, étudiants au Syrian Protestant College, qui menèrent, à partir de 1875, les premières actions subversives contre les Turcs. Et, lorsque la Turquie fut entrée en guerre, ce sont encore les Chrétiens libanais, en majorité, qui transformèrent les demandes de réformes en exigence de liberté.

3. **La délivrance.** — Le 1er octobre 1918, le général britannique Allenby était à Damas. Le 7 octobre, une escadre française paraissait en rade de Beyrouth, le 8, un corps anglo-français entrait dans la ville, le 12, les marins français débarquaient à Tripoli. La libération du Liban était achevée.

Le 10 août 1920, les Alliés et la Turquie signaient le traité de Sèvres dont l'article 94 stipulait que la Syrie serait détachée de l'Empire ottoman et formerait « provisoirement un Etat indépendant à condition que l'aide et les conseils d'un mandataire guident son administration jusqu'au moment où elle serait capable de se conduire seule ».

Au Congrès de San Remo, il avait été préalablement décidé que, en conformité avec les accords franco-britanniques dit « Sykes-Picot » de 1916, la puissance mandataire serait la France.

CHAPITRE IV

LE MANDAT FRANÇAIS

1. **Quel Liban ?** — Un triple problème se posa alors au gouvernement français, et au général Gouraud nommé haut-commissaire au Levant. Premièrement : la région sous mandat serait-elle organisée en un seul Etat ou divisée en deux Etats, Syrie et Liban. Deuxièmement : dans la dernière hypothèse, quelles seraient les frontières du Liban. Troisièmement : dans la dernière hypothèse toujours, quelle serait la structure politique du pays.

La réponse à la première question ne faisait pas de doute. Les mystiques de l'Arabisme avaient beau proclamer que le Liban était la façade maritime de la Syrie, la France — la France moins que tout autre — ne pouvait oublier les siècles d'histoire qui avaient façonné le visage particulier du Liban.

Le 1er septembre 1920, à Beyrouth, le général Gouraud, en présence des délégués des Alliés, du corps consulaire, des représentants de toutes les communautés, et au milieu d'une foule délirante, proclamait officiellement l'indépendance du Liban.

Au pied de ces montagnes majestueuses qui ont fait la force de votre pays, en demeurant le rempart inexpugnable de sa foi et de sa liberté... par-devant tous les témoins de vos espoirs, de vos luttes et de votre victoire, c'est en partageant votre joie et votre fierté que je proclame solennellement le Grand Liban.

Quant à la Syrie, elle était provisoirement divisée en trois Etats — Damas, Alep, et le territoire des Alouites (Nosaïris) — que coiffait un Conseil fédéral.

Lorsque le 24 juillet 1922, la Société des Nations confirma le mandat français sur les Etats du Levant, elle entérina la décision française. Elle précisa seulement qu'une union économique réunirait le Liban et la Fédération syrienne.

En ce qui concerne la seconde question, la France avait le choix entre la province ottomane du Mont-Liban, homogène mais privée de toute chance de développement économique, et le Liban traditionnel de l'émir Fakhreddîn. La situation n'apparaissait pas aussi claire qu'on pourrait le supposer, et l'expérience a confirmé la gravité des problèmes que comportait ce choix. Finalement, la France opta pour le « Grand Liban » auquel étaient rendus ses débouchés maritimes et les terres à blé de la Békaa et de l'Akkar.

A la troisième question, la France donna encore la réponse que proposait la tradition. Elle fit du Liban un Etat communautaire. Cette structure résulte de l'article 95 de la Constitution du 26 mai 1926 :

> A titre transitoire et dans une intention de justice et de concorde, les communautés seront équitablement représentées dans les emplois publics et dans la composition du ministère...,

ainsi que de la loi électorale qui consacre la représentation proportionnelle des communautés au Parlement.

Il est à remarquer que c'est en 1990 seulement, après 64 ans, que des modifications aux dispositions « transitoires » de l'article 95 ont été prévues. Elles posent le problème le plus délicat qui ait été proposé aux dirigeants libanais au cours des dernières décennies, celui du confessionnalisme.

Depuis l'institution du mandat jusqu'à l'année 1941, le Liban connut une période d'heureuse prospérité que n'obscurcirent que de légers nuages : une crise politique qui amena en 1932 le haut-commissaire à suspendre la Constitution ; le rejet, par le Parlement français, du traité du 13 novembre 1936, qui devait mettre fin au régime mandataire, mais qui fut entraîné dans l'échec du traité franco-syrien.

A aucun moment ces malentendus ne troublèrent la sérénité populaire que les Français mirent à profit pour poursuivre l'œuvre d'équipement qu'ils avaient commencée en 1860.

Dès avant le mandat, des entreprises françaises avaient construit la route Beyrouth-Damas (1858-1863), le réseau ferré du Liban (Damas-Beyrouth, Rayak-Alep, Tripoli-Homs, de 1900 à 1911), le port et le phare de Beyrouth. Toute cette infrastructure fut considérablement développée et améliorée. Dans un autre domaine, celui de l'éducation, de très nombreuses écoles primaires et secondaires furent ouvertes, et l'Université Saint-Joseph, création des Jésuites, prit un magnifique essor.

2. **Les Anglais au Liban.** — Du 8 juin au 14 juillet 1941, la paix libanaise fut troublée par les combats très violents qui opposèrent les troupes françaises du Levant au corps d'armée anglo-australien du général Wilson, renforcé de contingents des Forces françaises libres (1). Ces combats, qui firent des milliers de morts dans les deux camps, ne furent pas sans causer des pertes et des dévastations au Liban, en particulier dans la région du Gharb. Ils eurent pour conséquence l'armistice de Saint-Jean-

(1) Les Britanniques attaquèrent sous le prétexte (qui se révéla infondé) que les Allemands allaient occuper le Liban et la Syrie.

d'Acre qui permit aux troupes anglaises, après 21 ans d'absence, de défiler à Beyrouth et à Damas. Contrairement aux illusions du général de Gaulle, et au traité qu'il avait signé avec M. Lyttleton, ministre britannique résidant au Moyen-Orient, l'Angleterre comptait bien, grâce à ces circonstances, éliminer définitivement du Levant son ennemie héréditaire dans cette partie du monde. M. Churchill déclarait aux Communes :

> Il n'est pas question que la France garde au Levant la situation qui était la sienne avant la guerre..., ni que, même pendant la durée des hostilités, la France libre se substitue à Vichy.

3. **Le Pacte national de 1943.** — Dès la fin de l'année 1941, le général Catroux, commandant des Forces françaises libres du Levant, avait proclamé la complète indépendance de la Syrie et du Liban :

> Le Liban jouit maintenant de droits et de prérogatives attachés à la qualité d'Etat souverain et indépendant (25-12-1941).

Mais les circonstances de guerre ne permirent pas de traduire immédiatement cette décision dans les faits. Par ailleurs, le spectacle de Français se battant les uns contre les autres, l'action malveillante des Anglais qui assumaient la responsabilité de toutes les questions de sécurité, avaient porté une sérieuse atteinte au prestige de la puissance mandataire. Dans ces conditions, les élections de 1943 amenèrent au Liban comme en Syrie des chambres nationalistes et des présidents intraitables : Béchara el Khoury et Choukri el Kouatli.

Dès ses premières réunions, la nouvelle Chambre libanaise modifiait la Constitution, en retranchant tout ce qui prévoyait encore l'intervention de l'autorité de tutelle. Le délégué général de la France combattante crut pouvoir briser l'opposition du nouveau gouvernement libanais en faisant arrêter, le 10 novembre 1943, le président de la République, Béchara el Khoury, le président du Conseil, Riad Solh, et plusieurs ministres. Ce geste maladroit eut pour conséquence la formation dans la Montagne d'un « gouvernement de résistance ». Son seul mérite fut de susciter la proclamation par les membres de ce gouvernement, Chrétiens et Musulmans, du « Pacte national », confirmation passionnée d'une « entente ancienne », et charte communautaire du Liban (1). Le gouvernement français fit libérer les présidents et ministres dès le 23 novembre. En 1945, les derniers services furent passés au gouvernement libanais, en 1946 les derniers militaires français quittèrent le pays.

(1) Voir la « Journée d'Antelias ».

Chapitre V

LE LIBAN INDÉPENDANT

1. Les présidents Béchara Khoury et Riad Solh. — La tâche qui se présenta aux gouvernants de la jeune République n'était pas facile. Elle comportait d'abord les difficultés inhérentes à la souveraineté ; il n'était plus possible de tourner le mécontentement que certaines mesures inévitables devaient susciter chez un peuple naturellement indocile vers une autorité supra-nationale : gouvernements de Stamboul ou du Caire, pachas ou autorité mandataire.

Ensuite, la population du Grand Liban était beaucoup moins homogène que ne l'avait été celle de la « Montagne ». Celle-ci, nous l'avons vu, était composée aux trois quarts de Chrétiens. La carte ethnographique et religieuse du Grand Liban était bien différente. Sur 800 000 habitants environ, celui-ci comptait un peu plus de 400 000 Chrétiens, dont 300 000 Maronites, un peu moins de 400 000 Musulmans, principalement sunnites et chiites, la population était répartie en 7 communautés principales (1), dont chacune était fortement structurée, plus attachée à son particularisme qu'au patrio-

(1) Maronites, Grecs orthodoxes, Grecs catholiques, Arméniens, Sunnites, Chiites, Druzes. Puis protestants, Latins, Arméniens catholiques, Syriens orthodoxes et catholiques, Nestoriens, Alaouites, Ismaïliens, Juifs. 17 communautés officiellement reconnues.

tisme libanais, et dont quelques-unes — les Sunnites en particulier — ressentaient fortement l'attraction de l'environnement arabe.

Fort heureusement, et fort intelligemment, les Libanais choisirent pour les diriger pendant les premières et difficiles années de leur indépendance, deux hommes éminents : le président de la République Béchara el Khoury, et le président du Conseil Riad bey Solh.

Le souci de ces deux hommes fut d'assurer au Liban une place dans la communauté arabe, tout en préservant son caractère particulier. A l'intérieur, ils se fixèrent pour tâche de maintenir la paix et d'amener les éléments disparates du pays à une harmonieuse collaboration. Ils y parvinrent grâce à une manipulation habile des éléments qui formaient les structures du Liban : les clans et les communautés.

L'équipe Khoury-Solh assura au Liban 7 années de calme, malgré de graves événements qui auraient pu bouleverser le pays si son gouvernement avait été moins assuré : d'abord, en 1948, la guerre de Palestine et la victoire juive qui ne pesèrent sur le Liban que par la charge des 120 000 réfugiés accueillis sur le sol national ; puis, en 1950, la rupture par la Syrie de l'union économique et douanière qui, jusqu'à la signature d'un traité satisfaisant, en février 1952, plaça le commerce libanais, et par conséquent le pays tout eniter, dans une situation délicate.

2. **Le Parti populaire syrien. Assassinat de Riad Solh. Chute de Béchara Khoury.** — L'association des deux hommes d'Etat fut rompue par la mort tragique de Riad Solh, assassiné le 16 juillet 1951. Cet événement est lié à l'apparition au Liban d'une

force nouvelle, qui bouleversa son équilibre traditionnel, et qui n'a cessé depuis d'y jouer un rôle, le plus souvent funeste, le Parti social nationaliste syrien (P.S.N.S.), plus connu sous le nom de Parti populaire syrien (P.P.S.).

Le P.P.S. avait été fondé en 1932 par un Libanais admirateur de l'idéologie fasciste, Antoun Saadé. La doctrine du parti reposait sur l'affirmation qu'il existait une « nation syrienne » antérieure au Christianisme et à l'Islam ; Saadé prétendait réanimer cette nation, ou la faire revivre, si elle avait succombé aux invasions et aux dominations étrangères. Territorialement, la « Grande Syrie », croissant d'Asie dont Chypre serait l'étoile, comprenait le Liban, la Syrie, la Palestine, la Transjordanie, le Sinaï, l'Iraq et Chypre.

Réfugié pendant la guerre au Brésil, Saadé avait reparu au Liban en 1947, et avait lancé ses partisans dans une série d'attentats sanglants.

La réaction des autorités libanaises fut rapide et énergique : arrêté dans la nuit du 6 au 7 juillet 1949 à la frontière syrienne, le chef du P.P.S. fut condamné à mort par un tribunal militaire et fusillé le lendemain. Douze autres condamnations à mort et de nombreuses condamnations à la prison furent prononcées.

Cette dure répression mit un terme provisoire aux activités du parti, mais ses nouveaux chefs jurèrent de venger Saadé, et pour cela d'abattre le Premier Ministre, jugé responsable de son exécution. Riad Solh fut en effet assassiné le 16 juillet 1951 à Amman au terme d'une visite qu'il avait faite au roi Abdallah de Jordanie.

Riad Solh disparu, le pouvoir du président de la République maronite se trouva sans frein. Il en usa et en abusa, réservant toutes les fonctions, toutes les faveurs, toutes les prébendes à sa clientèle allant jusqu'à « transformer le pays en une ferme pour une famille ». Etaient exclus de ces distributions non seulement les Musulmans, mais encore les clans chrétiens soumis à des rivaux éventuels dont le président voulait ruiner le prestige : Hamid Frangié et Camille Chamoun en particulier.

C'en était trop. L'opposition, conduite par le grand homme d'affaires Emile Boustany, l'avocat Camille Chamoun, Pierre Eddé, fils du président Emile Eddé, Kamal Joumblatt, grand féodal druze et chef du Parti socialiste libanais, Hamid Frangié, seigneur de Zgortha. Cette coalition hétéroclite, qui groupait des socialistes et de puissants capitalistes, des nationalistes intransigeants et des amis d'une puissance étrangère, organisa à Deir el Kamar, fief de Camille Chamoun, un meeting qui eut un immense succès et au cours duquel furent prononcés contre le chef de l'Etat des discours d'une violence inouïe. Le populaire président du Conseil Sami Solh se désolidarisa de Béchara Khoury, les soukhs se mirent en grève, le chef de l'armée, le général Chehab, refusa la demande du Président de faire intervenir la troupe en cas d'émeute. Abandonné de tous, Béchara Khoury démissionna (19 septembre 1952), confiant ses pouvoirs au chef de l'armée.

3. **Montée de l'arabisme** — Les députés avaient compris que la crise débordait en importance le soukh aux marchands de légumes de Beyrouth, où elle avait revêtu quelques-uns de ses aspects les plus pittoresques ; qu'elle était grave et profonde ; que dirigée contre les abus d'une famille, elle avait des causes plus lointaines et décelait les premières faiblesse de l'édifice communautaire. Devant le danger commun, ces hommes qui s'opposaient violemment quelques jours auparavant se trouvèrent réunis par un élan de patriotisme libanais. A l'unanimité, ils demandèrent au général Fouad Chehab de

prendre la tête de l'Etat. Mais celui-ci ne voulait rien d'autre que reprendre le poste d'où les événements l'avaient arraché. Il refusa.

Deux candidats se présentèrent alors : Camille Chamoun et Hamid Frangié.

Un sondage préalable s'étant révélé favorable à Camille Chamoun, Frangié se retira. Mais il ne pardonna pas cette retraite à son rival heureux. La haine dont il le poursuivit peut seule expliquer l'alliance que devait conclure quatre ans plus tard ce Maronite de Zghorta avec les hommes du colonel Nasser.

Camille Chamoun fut élu le 23 septembre 1952 à la quasi-unanimité. Il repoussa les mesures d'épuration et de sanction réclamées par l'opinion publique. Ni l'ancien président Béchara Khoury, ni aucun des membres de sa famille n'eurent à souffrir, ni dans leurs personnes ni dans leurs biens.

Le mandat de Camille Chamoun, qui devait finir dans un déchaînement de violence, débutait sous le signe d'une modération véritablement libanaise.

Les premières difficultés vinrent des Musulmans. Longtemps privés de moyens d'expression, ils considérèrent la chute de Béchara Khoury comme une victoire qui devait leur permettre d'affirmer les droits de leur communauté. Or, à ce même moment, un certain nombre d'hommes politiques dénonçaient le confessionnalisme, dont le précédent régime avait montré les inconvénients, et demandaient l'unification du statut personnel. Il ne fait pas de doute que le confessionnalisme favorisait les Musulmans ; ce n'est pas manquer d'objectivité que de constater que leur communauté était alors moins évoluée que celle des Chrétiens ; si les emplois étaient attribués en fonction de la seule compétence, il est certain que les plus intéressants et les plus lucratifs reviendraient aux Chrétiens dans une proportion plus élevée encore que sous le régime confessionnel. Par ailleurs, l'unification du statut personnel impliquait une laïcisation difficilement compatible avec les principes de l'Islam.

Les réactions des Musulmans contre les tendances nouvelles ne pouvaient donc être qu'hostiles. Elles furent violentes, et bientôt aggravées, puis portées au point de rupture par les périls et les contraintes venus de l'extérieur. Dans le domaine économique, la Syrie de Chichakli prit un certain nombre de mesures qui compromettaient — légitimement peut-être mais brutalement — quelques-uns des intérêts essentiels du Liban : en particulier le fameux décret 151 du 3 mars 1951, inaugurant une guerre économique entre les deux pays, qui ne devait prendre fin que deux ans plus tard, par les accords de Chtaura.

Mais ce sont surtout les grandes intrigues politico-militaires nouées à partir de 1953 au Moyen-Orient qui, bouleversant cette région du monde, finirent par jeter bas l'édifice compliqué du Liban.

A partir de 1951, les Occidentaux, et plus particulièrement les Américains, entreprirent de faire adhérer les Pays arabes au pacte de l'Atlantique sous forme d'un « Plan de défense commune ». Cette tentative fut très mal accueillie dans la plupart des pays concernés, et en particulier au Liban où Kamal Joumblat la dénonça avec sa violence coutumière.

Le « plan de Défense commune » ayant échoué, les Anglais eurent l'idée d'une combinaison d'autant plus séduisante à leurs yeux qu'elle permettait d'éliminer leurs partenaires français auxquels ils se proposaient de substituer les Turcs : le pacte de Bagdad.

Il s'agissait de grouper les Etats arabes autour du « Pacte de Coopération mutuelle turco-irakien », signé en février 1955, auquel les Anglais avaient adhéré un mois plus tard, et auquel les Américains donnaient en coulisse un solide appui. Malheureusement pour ses promoteurs — et pour quelques autres — cette combinaison n'eut pas l'aboutissement qu'ils escomptaient ; ses résultats furent d'une part d'introduire au Moyen-Orient les Russes qu'elle voulait en écarter, et, d'autre part, d'assembler dans une organisation opposée, le pacte Triparti, trois des principaux Etats arabes : Egypte, Syrie et Arabie saoudite.

Ce fractionnement de l'Orient en deux blocs hostiles, dont chacun sollicitait impérieusement son ralliement, plaçait le Liban dans une position extrêmement inconfortable. Le président Chamoun, de par ses amitiés anglaises, inclinait naturellement vers le premier. C'est, semble-t-il, la pression de l'Arabie saoudite qui l'amena à refuser simultanément l'adhésion de son pays au pacte de Bagdad comme un pacte Triparti. Quelques mois plus tard, une révolution survenue en Jordanie à la suite d'une pression anglaise (voyage du chef d'état-major impérial, le général Templer) condamnait d'ailleurs le pacte de Bagdad à une mise en sommeil définitive. Le piège de Bagdad à peine désamorcé, un autre péril, plus grave encore, apparaissait à l'horizon libanais.

Après la nationalisation du canal de Suez par le colonel Nasser, en juillet 1956, la France, l'Angleterre et Israël avait attaqué l'Egypte. Après quelques faciles succès militaires, l'intervention des Nations Unies, des Etats-Unis, et surtout de l'U.R.S.S., forcèrent les envahisseurs à se retirer.

Cette affaire, maladroitement montée puis sottement interrompue, provoqua la juste indignation du monde arabe. Les Américains s'affolèrent tout à coup à la pensée que l'Orient tout entier pourrait basculer dans le camp soviétique. Pour parer à ce danger, ils formulèrent la « doctrine Eisenhower » (9 mars 1957), offrant aux Etats du Moyen-Orient leur aide économique pour maintenir leur indépendance nationale, et, s'ils en faisaient la demande, leur aide militaire pour repousser toute agression commise par un Etat communiste.

De nouveau, le Liban se trouvait en présence d'une difficile alternative : rejoindre le camp de l'arabisme forcené, au risque de s'y engloutir, ou accepter l'aide occidentale, en déchaînant la fureur de ses voisins. Le président Chamoun choisit le second terme, et s'engagea à fond sur la voie qu'elle lui ouvrait. Cette décision poussa jusqu'à l'exaspération le malaise de la communauté musulmane.

C'est dans ce climat explosif que Camille Chamoun choisit de faire renouveler son mandat présidentiel, qui devait expirer en septembre 1958. Or non seulement un tel renouvellement était interdit par la Constitution (art. 49), mais encore il heurtait une règle que la coutume locale fait apparaître comme intransgressible (1).

Le président Chamoun connaissait les dangers que présentait sa candidature dans le climat d'instabilité qui était alors celui du Liban. Mais il savait aussi que son départ en période de crise provoquerait non seulement la ruine de sa clientèle et de sa position personnelles, mais encore l'abandon de la politique qu'il avait choisie et qu'il estimait seule possible pour le salut de son pays. Son courage et son audace exceptionnels le conduisirent à prendre un risque que la plupart jugeaient déraisonnable : il engagea un groupe de députés amis à proposer, dès la fin mai, la modification constitutionnelle nécessaire au renouvellement de son mandat. Une tragique insurrection devait prévenir sa manœuvre.

(1) Il est vrai que, par dérogation à la constitution et à la coutume, le président Béchara Khoury avait en 1949, déjà, fait renouveler son mandat. Mais on a vu qu'il dut se retirer au cours du second exercice.

4. L'insurrection de 1958. — Avant d'examiner le déroulement de cette insurrection, il convient de faire le bilan des forces qui allaient s'affronter au début du mois de mai 1958. Les partisans du Président se recrutaient naturellement pour le plus grand nombre parmi les Maronites : Phalanges de Pierre Gemayel et — quoique avec réticences — Bloc national de Raymond et Pierre Eddé. Ensuite le Parti populaire syrien, non par sympathie pour le Président, mais par suite de son hostilité à la politique de l'Egypte. Le Parti arménien Dachnak, dont les sympathies pro-occidentales étaient connues. Enfin les Druzes du clan Yasbaki, représentés par l'émir Megid Arslan, et la petite minorité musulmane qui formait la clientèle personnelle de Sami Solh.

Le tableau des forces de l'opposition est beaucoup plus impressionnant. Il fait apparaître la presque totalité de la communauté musulmane : Sunnites groupés à Beyrouth autour de Saeb Slam, d'Abdallah Yafi et de Adnan Hakim, chef des Najaddés (les « Jeunesses musulmanes ») ; à Tripoli autour de Rachid Kéramé ; Chiites de Ahmed el Assad dans le Sud, tribus du Hermel conduites par Sabri Hamadé dans le Nord.

Venaient ensuite les Druzes du Chouf, sous la conduite de Kamal Joumblat, puis, renfort imprévu, la majorité des Maronites de Zgortha, ceux qui formaient la clientèle de la famille Frangié dont le chef, Hamid, poursuivant de sa haine son rival heureux à l'élection présidentielle de 1952, s'était rangé dans le camp des Syro-Egyptiens. Plus surprenante encore était la présence, dans le camp des opposants, de Mgr Méouchy, patriarche maronite, ennemi personnel de Camille Chamoun. Signalons enfin un fort parti de Grecs orthodoxes groupés autour d'une riche personnalité de Beyrouth, Henri Pharaon.

Les principaux chefs de l'opposition libanaise s'étaient réunis le 5 mai en Syrie pour préparer le déclenchement d'une crise que tous les observateurs situaient fin mai, lors de l'ouverture du débat parlementaire sur l'élection présidentielle.

Un événement imprévu allait déjouer les pronostics : l'assassinat, dans la nuit du 7 au 8 mai, de Nassib Metni, directeur de l'un des journaux de l'opposition, le communisant *Telegraph.*

Bien qu'il ait été établi que l'assassinat avait des causes privées, ce tragique incident fut exploité par les partisans de l'émeute dont les premiers feux furent allumés à Tripoli, et qui embrasa bientôt tout le pays.

Deux remarques sont à faire en ce qui concerne le déroulement des troubles ; d'abord la parfaite neutralité de l'armée, petite mais efficace et très disciplinée, que son chef, le général Chehab, refusa d'engager dans une affaire relevant de la politique intérieure. Il se borna à circonscrire les foyers de la rébellion, divisant le pays en un certain nombre de compartiments dont certains étaient entièrement aux mains des insurgés (par exemple le Chouf, fief druze de Kamal Joumblat).

La seconde remarque a trait à l'intervention indiscutable d'éléments venus de la R.A.U. De nombreux cadavres de soldats et de sous-officiers syriens purent être identifiés ; un ravitaillement en armes considérable transita par la Békaa et les frontières du nord, ou fut amené de la région de Gaza ; des irréguliers syriens attaquèrent un poste frontière ; des partisans du Djebel Druze renforçaient les troupes de Joumblat et de Choukair.

Douze jours après le début de l'insurrection, la situation apparaissait critique. A Beyrouth même, les engagements se multipliaient, tandis que les insurgés faisaient exploser des bombes de plus en plus meurtrières. Soucieux d'arrêter le carnage, le président Chamoun fit appel le 21 mai à la Ligue arabe, le lendemain au Conseil de Sécurité. Les procédures engagées par ces instances étant demeurées totalement inefficaces, il se résolut à invoquer la « doctrine Eisenhower » et à demander l'aide des Américains. Ceux-ci hésitaient à intervenir, surpris de voir confronter à la réalité des accords qu'ils avaient eux-mêmes proposés. Mais, le 14 juillet, éclata une nouvelle tragédie qui frappa l'Orient de stupeur : ce jour-là, un commando d'officiers envahissait le palais royal de Bagdad, et, dans les désordres qui suivirent, le souverain, son oncle Abdull Illah, toute sa famille, et le premier ministre Nouri Pacha Saïd étaient massacrés.

Le lendemain même, le 6e flotte américaine débarquait sur la plage de Khaldé, près de Beyrouth, plusieurs bataillons de « marines » (1).

Si le débarquement américain évita au Liban de sombrer dans une sanglante catastrophe, il ne rétablit pas pour autant le calme. Délimitant un mince îlot de sécurité, avec leurs armes formidables et inutiles, les bataillons américains apparaissaient comme des billes d'acier que contournaient tous les courants et toutes les passions de la révolution. On se battit jusqu'au dernier jour du mandat constitutionnel du président Chamoun, le 23 septembre 1958.

5. **Le chehabisme.** — Le nouveau président, élu le 31 juillet, prit ses fonctions le lendemain. Aucun choix n'avait été laissé, cette fois, au général Fouad Chehab. En 1951, sa seule apparition ayant apaisé le pays, il avait pu s'effacer après quelques jours. En 1958, les morceaux du Liban n'étaient plus assemblés que par le lien fragile de sa personne. Il ne pouvait se dérober ; mais il est bien certain

(1) Simultanément, 2 000 parachutistes anglais atterrissaient en Jordanie.

qu'il n'accepta la charge présidentielle qu'avec regret — on est tenté de dire avec répugnance. Sa mission était, il est vrai, difficile ; la révolution l'avait traîné au pouvoir, la contre-révolution marqua les premiers jours de son gouvernement.

Cette contre-révolution fut l'œuvre des Phalanges, qui n'avaient pas fait preuve, lors de la récente insurrection, d'une extrême combativité. Elles se réveillèrent, à la suite de l'enlèvement d'un des leurs, avec une violence qui surprit et, croyons-nous même, effraya les Musulmans.

Le général Chehab, après avoir rétabli le calme, annonça son programme politique.

Afin de dissiper toute équivoque, le gouvernement tient à affirmer sa volonté de sauvegarder la *souveraineté* du Liban et de défendre son *indépendance*, pour qu'il demeure ce qu'il est : un pays *arabe*, fier, libre, et *indépendant*.

Ce programme, à vrai dire assez général, la façon dont il fut appliqué, constituèrent le *chehabisme*, qu'un grand journaliste libanais, Georges Naccache, définit ainsi : « Cette façon lente, cette avance fluctuante, cette procédure presque paresseuse de son action... toute cette tactique faite de poussées et de reprise... n'est-ce pas exactement le style chéhabien ? »

L'attitude extrêmement libérale du président Chehab, son souci de tenir le plus grand compte des sentiments d'une communauté musulmane devenue majoritaire, conduisirent le Liban à basculer lentement mais indiscutablement dans le camp égyptien. L'éclatement de la République arabe unie, en septembre 1961, desserra bien l'étau qui enserrait le Liban, mais il ne modifia pas la politique du pays.

Bien au contraire, son territoire devint une base de subversion contre la Syrie.

Une telle attitude devait fatalement amener une réaction au Liban même et hors du Liban. Prévisible, elle stupéfia néanmoins l'opinion, tant furent inattendus sa forme et l'agent de son exécution.

Dans la nuit du 30 au 31 décembre 1961, un petit groupe de membres du Parti populaire syrien attaqua le Q.G. de l'armée libanaise. Quelques heures plus tard le chef de l'état-major, le directeur de la Sûreté générale, le commandant de la gendarmerie, prisonniers, étaient emmenés vers un refuge de la Montagne.

L'extraordinaire promptitude de la riposte de l'armée et de la « Brigade 16 » (brigade de choc de la police), fit échouer en quelques heures l'entreprise si brillamment commencée. Les Libanais apprirent l'affaire en s'éveillant, elle ne troubla pas leur sérénité. La répression n'en fut pas moins sévère : 287 accusés furent traduits devant un tribunal militaire, qui prononça 79 condamnations à mort (68 par contumace) dont celles des chefs du P.P.S., Abdallah Saadé et Assad Achcar.

La question se posa évidemment de savoir au profit de qui le P.P.S. avait tenté ce coup de force. Ne disposant d'aucun soutien populaire au Liban, Saadé et Achcar ne pouvaient envisager de former un gouvernement ; ne possédant que 300 hommes, ils ne pouvaient pas davantage espérer, en cas de réussite, tenir plus de vingt-quatre ou quarante-huit heures des positions clefs. La seule hypothèse raisonnable était qu'ils agissaient pour le compte d'une puissance étrangère, prête à les relayer très rapidement. Mais quelle puissance ? On parla de l'Angleterre, de la Jordanie et, bien sûr, d'Israël.

L'enquête accumula les présomptions d'une collusion avec l'étranger, mais aucune accusation précise ne fut portée. L'affaire n'eut pas de conséquences politiques, sinon le gel momentané des relations avec la Jordanie.

L'année 1963 fut marquée par une tension grandissante entre la Syrie baassiste du général Hafez et le Liban, tension culminant au mois d'octobre en un accrochage meurtrier entre formations des deux pays. Cette situation, aggravée par une récession économique qui durait depuis deux ans, créait dans le pays un profond malaise. Aussi n'était-ce pas sans appréhension que les dirigeants politiques libanais voyaient approcher de son terme le mandat présidentiel de l'homme qui paraissait le plus apte à diriger le pays en période de crise : le président Chehab.

Les députés de la nouvelle chambre, élue en avril 1964, vinrent prier, puis supplier le général de les autoriser à voter un amendement de la constitution permettant le renouvellement du mandat présidentiel. Par trois fois, il refusa. C'est alors seulement que le Parlement examina les candidatures possibles. Le 18 août 1964, il élut un juriste de grand renom, Charles Hélou.

6. **Le président Hélou assume une charge difficile.** — Dès le début de son mandat, le président Hélou fut confronté avec de nombreuses difficultés provenant de la querelle qui s'était élevée entre Israël et les Etats arabes à propos des eaux du Jourdain. Les Israéliens ayant mis en service un aqueduc qui, partant du lac de Tibériade, devait amener dans le Sud du pays trois cents millions de mètres cubes d'eau par an et provoquer l'assèchement du cours inférieur du Jourdain, les Arabes avaient réagi en décrétant le détournement des cours de deux des trois fleuves dont la réunion forme le Jourdain : le Banyas, qui prend sa source en Syrie,

et le Hasbani, qui naît au Liban. Dans un premier temps, il avait été décidé de diminuer le débit du Hasbani en captant son principal affluent, le Wazzani. C'est au Liban, on le voit, qu'avait été confiée la tâche la plus immédiate, et donc la plus dangereuse ; pour garantir le pays contre une réaction prévisible d'Israël, la conférence des chefs de gouvernements arabes du mois de janvier 1965 avait proposé que des troupes inter-arabes assurassent la protection des travaux. Mais le gouvernement libanais savait bien, depuis 1958 au moins, quel danger mortel représenterait l'entrée sur son territoire de contingents étrangers ; il accepta le projet du Wazzani, mais à la condition que la protection de l'opération fût effectuée par ses propres troupes.

D'autres difficultés survinrent du fait de l'épuration que le président décida d'opérer dans l'administration et la magistrature. Elle conduisit à l'élimination de plus de 200 agents de l'Etat et provoqua, bien entendu, de sérieux remous.

Au mois d'octobre 1966, c'est une catastrophe bancaire qui secoua durement le pays : le krach de la banque Intra, le plus grand établissement financier du Moyen-Orient, qui gérait les fonds des « émirs du pétrole », contrôlait de nombreuses sociétés dans le monde, et possédait des intérêts majoritaires ou importants dans beaucoup d'entreprises essentielles du Liban (1). Cette déconfiture risquait de perturber toute l'économie du pays. Le sang-froid des financiers et la sagesse des gouvernants libanais limitèrent toutefois les conséquences de ce grave événement.

(1) Ce krach résultait à la fois de la gestion imprudente du président de la banque, Youssef Beidas, et du mécontentement de certaines monarchies arabes irritées de trop grandes complaisances du Liban à l'égard de l'Egypte. La cause immédiate fut un retrait de fonds massif du Koweit.

Beaucoup plus dramatique fut la situation à laquelle le Liban dut faire face au mois de juin 1967 lorsque, une nouvelle fois, la guerre opposa Israël aux Arabes.

C'est le 5 juin 1967, à l'issue d'une longue crise qui ne peut être analysée ici, que l'armée israélienne attaqua l'Egypte, puis la Jordanie. Ce fut la « guerre des Six jours », qui se termina par l'occupation israélienne du Sinaï, de la Cisjordanie, et, en Syrie, du Golan.

L'occupation de la Cisjordanie par Israël entraîna un nouvel exode des Palestiniens vers la Jordanie et le Liban. Dans ce dernier pays le nombre des réfugiés atteignit 400 000 — 15 % de la population. De plus, ayant perdu les derniers lambeaux de leur patrie, les résistants palestiniens n'avaient plus d'autre ressource que d'attaquer Israël de l'extérieur, à travers les frontières des Etats voisins, et tout particulièrement du Liban, qui n'avait ni les moyens militaires, ni les moyens politiques de les contenir — ou bien de se livrer à des actes de terrorisme international. Les représailles israéliennes brutales entraînées par ces actions, ainsi que les exactions des réfugiés qui se conduisaient en terre d'accueil comme en pays conquis, entraînèrent des heurts de plus en plus sanglants entre Palestiniens d'une part, armée libanaise et populations locales d'autre part : dans le sud, dans la Bekaa, à Beyrouth, à Tripoli.

La situation empira et, au mois d'octobre 1969, 2 000 soldats libanais appuyés par des chars attaquèrent les bases de l'O.L.P. au Sud-Liban. Plusieurs dizaines de Palestiniens furent tués, de nombreuses arrestations opérées.

La Syrie, l'Egypte et la Libye réagirent aussitôt en faisant connaître leur plein accord pour « assurer toute liberté aux commandos palestiniens à travers la patrie arabe » et appuyer leur lutte contre l'armée libanaise. De véritables opérations militaires se déroulèrent au Liban. Israël formula une sévère mise en garde, déclarant qu'il ne pourrait demeurer indifférent aux événements qui se passaient à sa frontière. Nasser proposa sa médiation ; le président Helou et Yasser Arafat, chef de l'O.L.P., l'acceptèrent.

7. **Les accords du Caire (1969).** — La conclusion de cette médiation fut un accord signé au Caire le 3 novembre 1969 par le général Emile Boustani, commandant de l'armée libanaise, et Yasser Arafat, chef de l'O.L.P.

Ces accords reconnaissent le droit à résidence des Palestiniens alors au Liban, leur droit à participer à la lutte armée de leur peuple, *dans le respect des principes et de la souveraineté libanais*, ils accordaient des droits de passage (limités) aux fedayin à travers les frontières libano-israéliennes, le droit l'emprunter les routes menant à l'Arkoub, au Sud-Liban, et à l'Hermon, ils prévoyaient la présence d'unités de commandement de l'O.L.P. dans les camps, la création d'unités mixtes palestino-libanaises, *le droit des autorités civiles et militaires libanaises d'assurer leurs responsabilités sur la totalité de leur territoire et en toutes circonstances* (1). Malgré

(1) Le texte « ultra-secret » de ces accords fut publié par le journal libanais *An-Nahar* le 6 septembre 1976. Charles Helou, président du Liban lors de la signature, certifia l'authenticité du texte publié.
Les accords furent complétés ultérieurement par cinq annexes (non publiées, mais connues). Les accords proprement dits, s'ils avaient été appliqués à la lettre, auraient pu, à la limite, être acceptables, en particulier parce qu'ils ne concernaient que les 120 000 Palestiniens recensés officiellement au Liban. Mais les annexes montrent que les Etats arabes et les Palestiniens adoptèrent tout de suite une interprétation extensive des accords, qui les rendirent intolérables pour le Liban.

les clauses qui, en contradiction avec l'esprit du texte, affirmaient le maintien de la souveraineté libanaise — clauses dont aucun négociateur n'était dupe —, cet accord reconnaissait implicitement aux Palestiniens non seulement le droit de s'installer au Liban, mais encore celui de s'y organiser militairement, et d'attaquer Israël à travers la frontière commune.

Au moment où le président Helou accepta ce texte, le Liban était en guerre — attaqué sur presque tout son territoire par les Palestiniens que soutenaient puissamment des unités syriennes camouflées, il subissait une dure pression économique et politique de la Syrie et de l'Egypte.

Entre la capitulation et le refus, le Président estima qu'il n'avait pas le choix. Et peut-être ne l'avait-il pas, mais il entérina un accord qui annonçait le déchirement du Liban, et qui véhiculait une intention de le détruire.

8. **Septembre noir.** — Un événement extérieur au Liban devait aggraver encore les accords du Caire : en Jordanie, à la suite de graves exactions — prise de 80 otages à Amman, détournement puis destruction sur l'aérodrome de Zarqa de plusieurs avions de ligne — le roi Hussein lança sa Légion arabe contre les Palestiniens qui avaient cru pouvoir utiliser son pays comme base de terrorisme. Malgré l'intervention militaire de la Syrie, l'armée jordanienne écrasa les fedayin en septembre 1970 *(septembre noir)*.

Eliminée de Jordanie, l'O.L.P. transporta la quasi-totalité de ses activités militaires au Sud-Liban. En même temps, un nouvel exode porta le nombre des Palestiniens du Liban à plus de 400 000.

Un peu avant ces événements — au mois d'août

1970 — le Liban s'était donné un nouveau président : Soleiman Frangié (frère de Hamid, décédé), chef des maronites de Zgortha. Frangié avait été élu (par 50 voix contre 49 à Elias Sarkis), en partie grâce à l'appui de Kamal Joumblat, allié à la Résistance palestinienne ; lors de l'insurrection de 1958, il s'était rangé aux côtés des musulmans tripolitains soutenus et armés par la Syrie et l'Egypte. Il n'était certainement pas l'homme le plus apte à défendre, face aux Palestiniens et à leurs protecteurs, la souveraineté du pays.

La conjonction de ces éléments défavorables eut pour conséquence une activité accrue des Palestiniens, sur la frontière, mais aussi à l'intérieur du Liban, une exaspération de la tension intérieure (combats entre Palestiniens progressistes renforcés par des Syriens d'une part, armée et phalangistes d'autre part) — et une série d'actions de représailles israéliennes, sous la forme d'opérations terrestres (« bataille de l'Arkoub » en mai-juin 1970 et en février 1972), de raids aériens contre des camps et des villages, et même d'actes de terrorisme (assassinat à Beyrouth de trois dirigeants du *Fath* par des commandos israéliens dans la nuit du 10 avril 1973).

9. **L'accord de Chtaura (Melkart) de 1973.** — Au mois de mai 1973, des affrontements particulièrement meurtriers entre armée libanaise et Palestiniens, à Beyrouth, provoquèrent une intervention de l'Egypte et de la Syrie. Une rencontre eut lieu à Chtaura entre le chef du gouvernement libanais et Yasser Arafat. Ils signèrent un nouveau document annexe aux accords du Caire, connu sous le nom de protocole de Melkart (en référence à l'hôtel dans lequel il fut signé), réglementant une fois de

plus les droits et les devoirs des Palestiniens au Liban. Ce nouvel accord, et la rencontre qui suivit entre le président Frangié et Yasser Arafat, eurent pour résultat un relatif apaisement.

Mais, en octobre 1973, la *guerre de Kippour*, quatrième conflit israélo-arabe qui, malgré les succès initiaux des Egyptiens, se termina par une nouvelle victoire israélienne — la guerre du Kippour, donc, raviva les passions et hâta le déclenchement d'événements beaucoup plus graves et plus meurtriers que tous ceux qui les avaient précédés, et qui devinrent *la guerre du Liban*.

CHAPITRE VI

LES STRUCTURES SOCIOLOGIQUES ET POLITIQUES DU LIBAN A LA VEILLE DE LA GUERRE (1975)

Avant d'aborder la suite tragique de l'histoire du Liban, et afin de comprendre les bouleversements politique, social et économique qu'allaient provoquer les guerres civiles et étrangères organisées sur son sol, il est utile, pensons-nous, d'analyser les structures politiques qui avaient été les siennes depuis l'indépendance, et d'indiquer comment ces structures se modifièrent au début de la période dramatique qui fera l'objet de la phase suivante de notre étude.

1. **La population et les communautés.** — Pour des raisons politiques, il n'a été procédé depuis cinquante ans à aucun recensement, les structures du pays étant fondées sur l'hypothèse, aujourd'hui fausse, d'une majorité chrétienne. Le dernier recensement officiel (1932), donnait une population de 785 000 habitants, dont 402 000 Chrétiens (51,2 %) et 383 000 Musulmans (48,8 %) (Maronites, 28,8 % ; Grecs orthodoxes, 5,9 ; Grecs catholiques 5,9 ; autres Chrétiens, 6,8 ; Sunnites, 22,4 ; Chiites, 19,6 ; Druzes, 6,8). Depuis cette époque, les estimations

sont très variables selon leur source. Par exemple, en 1976, de source musulmane : Chrétiens, 1 020 000 (40 %) ; Musulmans, 1 530 000 (60 %) ; de source chrétienne : Chrétiens, 1 274 000 (54,5 %) ; Musulmans, 1 068 000 (45,5 %).

Il n'est pas possible, dans ces conditions, d'évaluer correctement la répartition communautaire, mais il paraît certain aujourd'hui que les Musulmans sont plus nombreux que les Chrétiens, et que, parmi les Musulmans, les Chiites sont majoritaires (1).

En 1980, après les exodes successifs provoqués par la guerre, des enquêtes occidentales sérieuses ont abouti, quant à la population globale, aux fourchettes suivantes : Libanais vivant au Liban, 2 500 000 ; étrangers, 550 000 à 900 000 ; total : 2 800 000 à 3 400 000.

*
* *

En ce qui concerne les communautés, il est curieux de constater qu'elles offraient, aux environs de l'année 1975, un paysage *presque* identique à celui qui avait été le leur neuf siècles plus tôt, et que nous avons sommairement décrit au chapitre III.

Les *Maronites*, agriculteurs dans la montagne, fonctionnaires, commerçants ou membres de professions libérales à Beyrouth, occupaient une situation prééminente par leur nombre, leur culture, leurs activités.

Leur Eglise, dont le rôle séculier était important

(1) Les résultats seraient différents si l'on intégrait dans la population — comme l'ont réclamé les *Phalanges* — l'émigration. Cette émigration, en majeure partie chrétienne, mais avec une forte minorité chiite, est évaluée à un million et demi, ce qui est un chiffre considérable si on le compare à celui de la population résidente.

Par ailleurs, on peut se demander s'il est bien logique de classer les Druzes, dont la religion n'a plus rien à voir avec l'Islam orthodoxe, parmi les Musulmans.

(tribunaux ecclésiastiques), se révélait puissante. Elle était dirigée par un patriarche, résidant à Bkerké, près de Beyrouth, qui disposait de six évêques.

Les *Grecs orthodoxes* qui, malgré leurs origines purement araméennes se montraient proches des Arabes sunnites, occupaient une place notable dans la riche bourgeoisie. Leur patriarche réside à Damas.

Des Grecs orthodoxes s'était détaché au début du XVIIIe siècle l'essaim des *Grecs catholiques*, qui résidaient dans le Chouf, la Békaa, et à Beyrouth. Ils reconnaissaient — par patriarche interposé — l'autorité religieuse de Rome.

Une nouvelle communauté chrétienne était apparue avec l'arrivée des *Arméniens*, fuyant la Turquie en deux vagues successives : en 1918, après l'évacuation de la Cilicie par les Français, et en 1939 après la rétrocession du sandjak d'Alexandrette. Ils ne prenaient qu'une part réduite à la vie politique libanaise — à l'exception de la faible minorité communiste, mais ils avaient conservé de très fortes organisations communautaires rattachées à leurs trois partis : Dachnak, de beaucoup le plus puissant avec ses structures paramilitaires, et, sur sa gauche, Ramkavar et Hintchak.

La plupart des Arméniens étaient rattachés à une Eglise autocéphale, souvent appelée « grégorienne », dirigée paradoxalement par deux *Catholicos* (les Arméniens du Liban dépendant de celui d'Antélias).

Une petite minorité d'Arméniens catholiques possède son propre patriarche, résidant à Beyrouth.

Les Musulmans *sunnites* sont répartis le long de la côte, avec des groupes très importants à Beyrouth et à Tripoli. Le Grand Mufti de Beyrouth est leur plus haute autorité spirituelle. Un Conseil supérieur islamique est doté depuis 1956 de pouvoirs quasi législatifs en ce qui concerne le statut organique de la communauté.

La communauté *chiite* (et plus précisément métouali) a si bien proliféré qu'elle a dépassé en nombre celles des Maronites et des Sunnites. De plus, si elle reste pauvre dans l'ensemble, elle a acquis une bourgeoisie riche, formée de commerçants qui ont fait fortune en Afrique occidentale ou équatoriale, et qui ont regagné le pays natal. Les Chiites sont installés à Beyrouth Sud, dans la Békaa et au Liban Sud. Ils sont dotés d'un *Conseil supérieur* dont les pouvoirs communautaires sont reconnus par une loi de 1967, et dont le président était avant août 1978, date de sa disparition en Libye, l'imam Moussa Sadr. Depuis cette date, les Chiites s'exprimèrent beaucoup plus à travers le mouvement *Amal*, dirigé par Nabih Berri. Depuis l'expansion de l'intégrisme musulman, une nouvelle et dangereuse composante est apparue dans la communauté chiite, Amal islamique, encadrée par des *pasdarans* iraniens, et dont nous reparlerons.

Les *Druzes* sont demeurés fidèles à leur organisation féodale. Mais le clan Yasbaki (Druzes du Gharb et de Beyrouth reconnaissant plus ou moins l'autorité des émirs Arslan) a perdu beaucoup de son importance, et la communauté est aujourd'hui dominée par les Druzes du Chouf, les Joumblati, dont le chef est Walid Joumblat, fils et successeur de Kamal.

Les *Palestiniens* ne forment pas une communauté libanaise puisqu'ils sont des étrangers dans ce pays qui n'est pour eux qu'une terre d'asile et une base d'attaque contre Israël. Leur nombre s'est élevé à plus de 400 000 (soit 17 % de la population nationale) après l'accord de Chtaura en 1973. Depuis cette date, ce nombre a considérablement varié selon la conjoncture.

Musulmans pour 80 %, chrétiens pour 20 %, les Palestiniens sont tous également mobilisés dans la lutte contre Israël. Toutes les composantes de la résistance palestinienne sont, en principe, groupées au sein de l'*Organisation de Libération de la Palestine* — O.L.P. — fondée en 1964 et dirigée depuis 1969 par Yasser Arafat (Abou Hammar). Les principaux groupes de l'O.L.P., bouleversés au cours de ces dernières années, étaient, vers 1975, l'Armée de Libération palestinienne (A.L.P.), forte de 5 brigades, et le Fath, organisation propre d'Arafat, puis trois mouvements nés de dissidences du Fath, plus radicaux et d'idéologies marxistes-léninistes (?), le *Front populaire de Libération de la Palestine*, F.P.L.P. (Georges Habache) ; le *Front démocratique populaire pour la Libération de la Palestine*, F.D.P.L.P. (Nayef Hawatmeh) et le *F.P.L.P. - Commandement général* (Ahmed Jibril).

La *Saïka* est un mouvement entièrement dépendant du gouvernement syrien et du parti Baas. Le *Front de Libération arabe*, F.L.A., est une réplique irakienne de la Saïka ; il est composé en majorité d'Arabes non palestiniens.

La Syrie s'efforce, par les moyens les plus divers, et parfois les plus brutaux, de contrôler l'O.L.P., son chef et toutes ses composantes. Elle n'y a pas, à ce jour, réussi.

Evolution de la répartition confessionnelle

La part respective de chaque communauté à l'intérieur de la population libanaise n'est pas connue avec précision. Aucun recensement officiel n'a été fait depuis 1932 pour ne pas remettre en question le délicat équilibre confessionnel sur lequel reposaient les répartitions des fonctions publiques.

Confessions	*Estimation officielle 1932* Chiffres	%	*Estimations privées 1984* (1) Chiffres	%
Maronite	226 378	28,8	900 000	25,2
Grec orthodoxe	76 522	9,7	250 000	7
Grec catholique	46 000	5,9	150 000	4,2
Autres (Arméniens en majorité)	53 463	6,8	225 000	6,3
Total Chrétiens	402 363	51,2	1 525 000	42,7
Sunnite	175 925	22,4	750 000	21
Chiite	154 208	19,6	1 100 000	30,7
Druze	53 047	6,8	200 000	5,6
Total Musulmans	383 180	48,8	2 050 000	57,3
Total	785 543	100	3 575 000	100

(1) Estimation du *Financial Times* du 1er février 1984, citée par Michael Johnson in « Class and client in Beirut », Ithaca Press, Londres, 1986.

La nécessité de concilier les intérêts et les appétits des communautés a conduit le Liban à adopter le système du *confessionnalisme*, qui existait encore dans son intégralité en 1975 et que les accords ou traités intervenus depuis n'ont pas éradiqué. Prévu par la Constitution, ce système a été précisé par la tradition ; c'est cette dernière qui a établi le schéma complexe de la répartition gouvernementale. Comme nous l'avons indiqué, le président de la République est Maronite, le président du Conseil Sunnite, le président de la Chambre Chiite. Les ministères classiques comportent 6 membres (un Sunnite, un Chiite, un Maronite, un Grec orthodoxe, un Grec catholique, un Druze).

Le confessionnalisme, sa généralisation et ses

abus, constituent un frein certain à l'évolution du Liban moderne. On n'a malheureusement pas encore trouvé par quoi on pourrait raisonnablement le remplacer. L'orientaliste Pierre Rondot oppose en ces termes la nécessité et les inconvénients du système.

L'association, presque à chaque échelon, des communautés, des féodaux, des clans, peut être regardée soit comme une base encore indispensable des pouvoirs, soit comme une servitude de plus en plus lourde imposée par le passé aux institutions du présent et au développement futur de l'Etat.

2. **Les clans.** — Les clans ont joué, dans l'histoire du Liban, un rôle essentiel ; ils ont conservé, jusqu'en 1975, et parfois jusqu'à aujourd'hui, une importance certaine : clans féodaux qui groupent autour de quelques chefs ou de quelques familles les Chiites du Akkar, du Hermel (Sabri Hamadé) et du Liban-Sud (Ahmed el Assad), les Druzes du Chouf (Joumblat) ou de Beyrouth (Megid Arslan), les Maronites de Zghorta (Frangié), ou clans modernes créés par des hommes que leur influence politique ou économique ont mis en mesure de réunir une importante clientèle, tels MM. Saeb Slam ou Henri Pharaon. A l'inverse des précédents, ces clans se sont développés dans les villes ; leurs adhérents se recrutent dans certaines corporations — chauffeurs de taxis, marchands de légumes — et dans ce qu'au Liban on appelle « la rue » et ses « Zaïm ».

Les clans se forment généralement au sein de communautés déterminées ; mais cette règle n'est pas générale ; nous avons vu que les grands clans des Qaisi et des Yéméni (1), des Yazbaki et des Joum-

(1) Yéménites et Qaïsites : voir p. 10.

blati, débordaient largement le cadre des communautés ; on retrouve de tels exemples aujourd'hui. Ce décalage des clans par rapport aux communautés permet une certaine symbiose et augmente la cohésion nationale.

3. **Les partis idéologiques.** — Enfin, parallèlement aux facteurs économiques, et étroitement liés à eux, sont apparus des facteurs idéologiques, dont les véhicules ont été des partis totalement étrangers à la tradition libanaise.

Le plus caractéristique de ces partis est le *Parti communiste*, créé à Beyrouth en 1924 sous le nom de *parti du peuple.* Les Partis communistes libanais et syrien ont été à diverses époques fédérés ou même fusionnés, jusqu'à leur complète séparation de 1966.

Anti-confessionnaliste depuis sa création, le P.C. libanais a précisé en 1969 sa position à l'égard des Palestiniens en appelant « les forces progressistes et nationales à s'unir à la résistance palestinienne héroïque ». Il a créé en 1970 une organisation armée, la *Garde populaire.*

Parti pluriconfessionnel (50 % de Chiites, 30 % de Chrétiens, 20 % de Sunnites et Druzes), le P.C. libanais n'est pas encore un parti de masse. Journaux : *an Nida* (quotidien), *al Akhbar* (hebdo). Dirigeant actuel : Georges Haoui.

A l'origine maoïste, l'*Organisation d'action communiste au Liban* (O.A.C.L.), s'est aujourd'hui beaucoup rapprochée du P.C.

A l'opposé doctrinal du P.C., mais s'inspirant comme lui d'une idéologie supra-nationale, le *Parti social nationaliste syrien*, ou *Parti populaire syrien* (P.P.S.), dont nous avons parlé, conserve, malgré quelques dissidences, son agressivité et ses méthodes.

Le *Parti socialiste progressiste*, fondé en 1949 par Kamal Joumblat, a une doctrine socialiste, laïque, anticonfessionnelle. Mais la moitié de ses membres se recrutent dans le district druze du Chouf, ce qui donne à penser que la personnalité féodale du fondateur joue dans le recrutement un rôle plus important que la doctrine du parti. Après l'assassinat de Kamal Joumblat, en mars 1977, son fils lui a tout naturellement succédé. En 1976, on estimait que le parti disposait de 3 000 miliciens, pour la plupart Druzes du Mont-Liban.

Le P.S.P. est un parti socialiste libanais. Le *Baas* est un parti socialiste arabe, fondé en Syrie où il conserve son centre principal, mais ayant essaimé dans tout l'Orient arabe et jusqu'au Maghreb. Parti socialiste fortement coloré d'arabisme (1) — « une seule nation arabe à la mission éternelle » — il n'est pratiquement apparu au Liban que depuis l'insurrection de 1958.

La brouille de la Syrie et de l'Irak, deux pays se réclamant du Baas, a provoqué la scission du parti. Il existe aujourd'hui au Liban un Baas pro-syrien, qui obéit à Damas, et un Baas pro-iraquien, qui obéit à Bagdad.

Le *Mouvement des nassériens indépendants* a été fondé en 1975 par Ibrahim Koleilat, riche sunnite de Beyrouth à l'important palmarès terroriste. Opposé au « régime confessionnaliste maronite », il réclame un « Etat rationnel moderne et arabe ». Il entretient des relations étroites avec la Syrie, la Libye, les communistes, les Palestiniens, les Joumblat. Le parti a une branche militaire, les

(1) Mais non d'islamisme. Le parti est laïc, et son fondateur, Michel Aflak, chrétien.

Mourabitoun (vigilants), qui disposent de 2 000 hommes bien entraînés, faisant du *Mouvement* le groupe le plus puissant militairement de l'extrême gauche.

Le *Mouvement socialiste démocratique du 24 octobre*, fondé en 1969, regroupe de jeunes gauchistes, pour la plupart sunnites. Il est fortement implanté à Tripoli.

4. Les partis communautaires et les partis-clans. — Il existe au Liban bon nombre d'autres partis. Mais ceux-ci doivent être considérés comme des clans ou des organisations communautaires. Ils font donc partie des structures traditionnelles que nous avons indiquées en tête de ce chapitre. Mais il est nécessaire de donner quelques précisions à leur sujet, certains ayant joué dans la *guerre du Liban* un rôle important — et, pour l'un d'eux, capital.

Le *Bloc national*, fondé officiellement en 1943 par Emile Eddé, fut d'abord le clan de ce grand président. Son fils aîné, Raymond, lui succéda d'ailleurs. Ce Bloc national, attaché au paternalisme de la Montagne, mais animé par la poussée de quelques jeunes dirigeants, incarnait, dans les années 60, la véritable tradition maronite (1). Mais il a perdu tout influence réelle depuis l'exil volontaire de son chef.

Les *Phalanges (Kataeb)* constituent le plus connu et le plus puissant des partis libanais. Elles furent créées en 1936 par Pierre Gemayel pour préserver le « visage singulier, la mission spéciale, le caractère laïc du Liban ». Elles eurent dès le début une structure paramilitaire ; c'est lors de la contre-révolution de 1958 qu'elles firent preuve, pour la première

(1) Il avait été le seul parti à s'opposer, en 1969, aux accords du Caire.

fois, de la combativité grâce à laquelle elles allaient devenir le fer de lance du Liban chrétien.

Les Phalanges se veulent un parti social (lutte contre le féodalisme), et c'est à tort que, par souci simplificateur ou par intention malveillante, on les qualifie de « droite chrétienne » ; elles se voudraient aussi un parti interconfessionnel, mais leurs membres demeurent, en très large majorité, maronites (80 %). Les milices phalangistes constituent une petite armée très bien entraînée, dont le chef incontesté était jusqu'à son élection — puis son assassinat — Béchir Gemayel, deuxième fils du fondateur du parti.

Le *Parti national libéral*, libéral à l'anglaise et réformateur, fondé en 1958 par le président Chamoun, lutta, depuis le début de la « guerre du Liban », aux côtés des Phalanges. Comme celles-ci, il disposait d'une milice, les *Noumour (Tigres)*, formée de combattants intrépides, mais beaucoup moins nombreux et, semble-t-il, moins disciplinés que ceux de ses associés. Le P.N.L. fut pratiquement absorbé par les Phalanges au mois de mai 1979, dans des circonstances dramatiques.

A partir de 1975 apparurent ou se développèrent quelques groupes chrétiens qui prirent part à la lutte : les *Gardiens du Cèdre*, l'*Ordre des moines libanais*, *El Tanzim*. L'*Armée de Libération Zghortiste (Brigade Marada)*, représente le clan des Frangié, et se réclame des fidélités successives de ceux-ci.

Ces partis de la « droite chrétienne » avaient formé en mars 1976 un *Front libanais* doté d'un *Conseil de commandement* comprenant Soleiman Frangié, Pierre Gemayel, Camille Chamoun et le P. Charbel Qassis (Ordre des moines libanais). Ce front fut dissous, officiellement du moins, après la défection de Frangié, en mai 1978.

Les partis et groupes sunnites tentèrent de se regrouper, en juillet 1976, au sein d'un *Rassemblement islamique* créé par leurs principaux notables, dont la plupart des anciens présidents du Conseil. Le plus ancien des partis de ce rassemblement est celui des *Najjadès*, symétriques des Phalanges, fondées la même année et sur le même modèle. Ce parti défend les thèses extrêmes de l'arabisme et prône la participation du Liban à une fédération arabe. C'est un vieux parti qui a perdu ses dents, comme les notables du Rassemblement islamique.

Il en va tout autrement du parti chiite *Amal*, héritier du *Parti des déshérités* de l'imam Moussa Sadr, et que dirige aujourd'hui Nabih Berri. Ce parti joue, dans la guerre du Liban, un rôle important mais variable, qui reflète les divisions de la communauté chiite. Celle-ci a particulièrement souffert de l'envahissement du Sud-Liban par les Palestiniens, et des réactions israéliennes qui s'ensuivirent. Il n'est donc pas étonnant que *Amal* se soit souvent opposé aux Palestiniens ; le parti a également livré, à Beyrouth, de sanglants combats aux communistes ; mais il a aussi lutté aux côtés des Palestiniens progressistes et il est aujourd'hui, dans le sud de Beyrouth, un redoutable adversaire de l'armée libanaise. Ces contradictions s'expliquent par la situation des Chiites, qui constituent la communauté la plus touchée par la guerre, et qui ont été contraints à plusieurs exodes successifs. Le prolétariat chiite, dans lequel se recrute Amal, exige — souvent avec violence — que soient reconnus les droits de sa communauté, aujourd'hui la plus nombreuse, et que soit soulagée sa misère.

A Baalbeck, dans la Békaa, s'est constitué un

petit groupe de Chiites fanatiques, désignés en français sous le nom d'*Amal islamique*, sous la direction de Hussein Moussaoui. Entièrement soumis à l'imam Khomeini, encadrés par quelques centaines de *pasdarans* iraniens, animés par une haine aveugle et universelle, ils constituent un dangereux réservoir de terroristes.

TROISIÈME PARTIE

LA GUERRE DU LIBAN (1975-1991)

Chapitre Premier

PREMIÈRE PHASE DE LA GUERRE (avril 1975 - mai 1976)

1. **Les causes de la guerre.** — Les causes de la guerre du Liban sont multiples, mais d'importance inégale. Les premières, d'ordre structurel et socio-économique, sont purement libanaises.

Dès les années 60, la situation intérieure était mauvaise, par suite d'inégalités sociales excessives, d'un régime fiscal qui « dans un pays riche faisait un Etat pauvre », des prévarications des classes dirigeantes, et d'un dosage incorrect de la représentation communautaire.

Ces causes étaient graves, mais il nous paraît que, sans interventions étrangères, une solution pacifique serait intervenue. Les Libanais auraient été assez subtils pour comprendre que le point de rupture approchait dangereusement, et assez habiles pour trouver un compromis acceptable. Certains ne l'ont pas voulu, et ils ont exploité les circonstances pour déclencher au Liban une guerre qui, quoi qu'on en ait dit, ne fut à ses débuts ni une guerre civile, ni une guerre confessionnelle.

Les principaux responsables de la guerre sont évidemment les Palestiniens. Comment pourrait-il en être autrement ? Les Palestiniens ont été imposés au Liban par les autres pays arabes, leur nombre a augmenté jusqu'à atteindre 15 % de la population, ils constituent une minorité économiquement inassimilable, ils ont une répartition religieuse très différente de celle du pays d'accueil (80 % de Musulmans), leurs intérêts politiques n'ont rien de commun avec ceux de leurs hôtes. Les Palestiniens auraient été un facteur de trouble même s'ils s'étaient conduits pacifiquement ; mais tel ne fut pas le cas. Ils considérèrent le pays d'accueil comme un pays de remplacement, instituant leur souveraineté sur des régions entières ; ils transportèrent d'autre part au Liban toutes leurs activités militaires, provoquant les interventions massives d'Israël : bombardements, destructions, invasions.

Le rôle d'Israël a été moins simple qu'il ne paraît, surtout après l'arrivée au pouvoir de Menahem Begin en 1977. A partir de ce moment, les représailles contre les attaques de fedayin se transformèrent progressivement en un harcèlement constant des Palestiniens sans corrélation avec l'agressivité de ceux-ci. La politique d'Israël traduisit la volonté d'apporter au problème palestinien une solution définitive, la tentation de surmonter des difficultés intérieures, peut-être enfin des visées annexionnistes.

La Syrie a, dans le drame libanais, des responsabilités beaucoup plus lourdes encore qu'Israël. Depuis l'émancipation des Etats du Levant, la Syrie n'a jamais reconnu pleinement la souveraineté du Liban. Les plus modérés des Syriens se contenteraient d'une finlandisation de ce pays au profit de Damas, les autres le considèrent — au mépris de l'histoire — comme une province abusivement séparée de la Syrie par la puissance mandataire. Les troubles du Liban pouvaient leur fournir une occasion d'asseoir leur domination sur ce pays, à condition qu'ils sachent en écarter toute intervention étrangère, arabe ou non arabe.

Les Etats-Unis enfin, et M. Kissinger en particulier, ne sont peut-être pas étrangers au déclenchement du conflit. Le 31 mai 1974, M. Kissinger avait abouti, au prix d'efforts inouïs, à la signature d'un « accord de désengagement » syro-israélien. N'était-il pas possible d'aller plus loin encore, selon l'exemple égyptien ? Le général Assad n'avait-il pas annoncé, en février 1975, qu'une paix syro-israélienne était concevable ? Un pas de plus sur la voie du rapprochement pouvait être envisagé, mais il risquait de faire exploser la poudrière palestinienne, à moins qu'un abcès de fixation ne fût créé quelque part au Proche-Orient. Est-ce par hasard que cet abcès germa au Liban ? Il est assez troublant de constater que la quasi-totalité des forces palestiniennes fut, pendant plusieurs années, engagée dans l'entreprise de destruction du Liban, et donc incapable d'agir sur d'autres terrains. On est bien obligé de constater le contraste opposant l'indifférence de M. Kissinger en 1975 à la rapidité de l'intervention américaine en 1958, et l'on peut se demander si « les engagements croissants des Etats-Unis envers Israël impliquaient une révision de leurs priorités si radicale que le Liban pouvait être abandonné à son sort dès l'instant que l'avenir d'Israël serait assuré » (1) (2).

(1) René Maheu, *Le Monde*, 20 novembre 1975.

(2) Des hommes politiques, des journalistes libanais et américains ont avancé que la guerre devait favoriser un plan américain visant à provoquer l'émigration des Chrétiens du Liban, afin que les Pales-

Injustice sociale, abus de confessionnalisme, Palestiniens, Syriens, Israéliens, Kissinger, cela fait beaucoup de causes et beaucoup de protagonistes. Si l'on ajoute que ces protagonistes défendirent successivement plusieurs thèses selon la conjoncture internationale, leur propre politique intérieure, l'humeur ou le tempérament de leurs dirigeants, que leurs intérêts, même s'ils divergeaient sur l'essentiel, convergeaient dans certains domaines ; si l'on se rappelle qu'il existe au Liban 17 communautés dont le patriotisme libanais et le patriotisme confessionnel étaient ou paraissaient parfois contradictoires, et qu'elles furent amenées à chercher à l'extérieur des alliances successives ; si l'on tient compte du caractère des peuples concernés, batailleurs, spontanés, passionnés, et médiocrement disciplinés, si l'on admet que des règlements de comptes tribaux, familiaux, financiers, ou même des explosions de colères individuelles ont pu se superposer aux actions paramilitaires — alors on comprendra que la guerre du Liban ait souvent évolué de façon imprévisible et irrationnelle.

2. **Déclenchement de la guerre. Les forces en présence.** — Nous avons souligné que la situation au Liban était mauvaise depuis 1969, et que la paix y était constamment menacée par les affrontements entre l'armée et les Chrétiens d'une part, les Palestino-progressistes d'autre part, et par les meurtrières interventions d'Israël sur la frontière sud. Il était évident que l'on approchait du point de rupture. Le 24 janvier 1975, Pierre Gemayel, chef des Phalanges,

tiniens puissent s'installer, à leur place, dans ce pays, et que le conflit israélo-arabe puisse être, par ce moyen, réglé. Bien que cette hypothèse puisse être étayée par la personnalité et certaines déclarations de M. Godley, ambassadeur américain arrivé à Beyrouth en mars 1974, on doit constater qu'elle ne repose sur aucune preuve.

adressait un mémorandum au Président de la République accusant les Palestiniens de bafouer la souveraineté de l'Etat et demandant que la question de leur présence au Liban soit traitée dans les termes où elle avait été formulée et résolue dans les autres pays arabes. Le 20 février il réclamait un référendum sur cette question. Un mois plus tard se produisit l'incident que l'on s'accorde à considérer comme le premier acte de guerre au Liban. Le 18 avril 1975, des coups de feu étaient tirés contre des personnalités maronites sur le parvis d'une église de la banlieue sud de Beyrouth. Un peu après, un car transportant des Palestiniens était mitraillé et 27 passagers tués. Deux jours plus tard on comptait de 150 à 300 morts et 1 000 blessés dans la région de Beyrouth. Une vraie guerre commençait.

Quelles étaient, ou quelles allaient être, les forces engagées dans chacun des deux camps : Palestiniens et leurs alliés d'une part, Chrétiens maronites d'autre part.

Dans la phase initiale du conflit, le premier camp groupa les Palestiniens, et en particulier l'armée de Libération dont les cinq brigades intervinrent à un moment ou un autre au Liban, le Fath, la Saïka, plus ou moins gonflée d'effectifs syriens, le F.P.L.P., le F.D.P.L.P., la F.L.A. pro-irakien. Aux côtés des Palestiniens combattaient les partis révolutionnaires regroupés en un *Front des Partis et Forces progressistes nationaux* ou *Mouvement national* ; ce « M.N. » était dirigé par Kamal Joumblat, président du Parti socialiste progressiste, qui joua un rôle important dans cette guerre et dont la motivation principale était la destruction du confessionnalisme qui barrait la route de la Présidence de la République à un non-Maronite.

Sous la bannière du Mouvement national se rangeaient le Parti communiste, l'Organisation d'Action communiste, le Parti social nationaliste syrien (P.P.S.) qui, emporté par son idéal grand-syrien, se trouvait pour la première fois associé à une coalition de gauche, le Baas pro-irakien, les formations dites *nassériennes* et en particulier les Mourabitoun, le Mouvemont du 24 octobre et, enfin, quelques petites organisations sunnites, chiites ou kurdes.

Dans la première phase de la guerre, une troisième composante de cette coalition fut constituée par les mouvements pro-syriens dont le plus important était le Baas.

Face aux multiples formations palestino-progressistes se dressaient les organisations essentiellement maronites du *Front libanais* : les Phalanges, le Parti national libéral et les groupes de moindre importance, précédemment signalés.

Quant à l'armée, comme en 1958, elle ne joua pendant cette période qu'un rôle mineur. Jugée trop chrétienne, elle ne fut engagée que dans des opérations limitées, par suite de dissensions gouvernementales elles-mêmes dues à des pressions extérieures ; soumise aux hésitations, aux contradictions et aux désaveux du pouvoir politique, elle perdit sa cohésion. Au début de 1976 elle se désagrégea. Au mois de mars 1976, la moitié de ses 18 000 hommes avaient déserté. Une partie des dissidents forma, sous les ordres du lieutenant Ahmad el Khatib, l'*Armée de Libération Arabe*, qui combattit aux côtés des Palestino-progressistes, d'autres rejoignirent le camp chrétien : dans le sud, où ils formèrent sous les ordres du commandant Saad Haddad une milice qui devait faire alliance avec les Israéliens, puis passer sous leur contrôle — à Beyrouth, dans l'Akkar.

Il ne paraît pas possible d'évaluer avec précision les effectifs combattants des deux camps, parce que les renseignements fiables sont insuffisants, mais aussi parce que ces effectifs varièrent dans le temps : les formations engagées de part et d'autre évoluèrent, certaines ne participant à la lutte que par intermittence (1), le nombre des Palestiniens engagés subit d'autre part de larges fluctuations, par suite

(1) Certains devaient même, dans des phases ultérieures de la guerre, changer de camp (Chrétiens de Zghorta en 1978).

de l'utilisation du réservoir syrien lorsque les circonstances l'exigeaient. Ce que l'on peut simplement affirmer, c'est que la supériorité numérique des Palestino-progressistes (maximum entre 20 000 et 30 000) fut très importante.

En ce qui concerne l'armement, aucun camp ne manqua d'armes légères, qui avaient inondé les marchés du Proche-Orient bien avant le déclenchement du conflit. Pour les armes lourdes, les Palestino-progressistes bénéficièrent, jusqu'à la fin de 1978 au moins (1), d'un avantage sérieux. La prise de Tell el Zatar en 1976, l'occupation israélienne du Sud-Liban en 1982 montrèrent que les Palestiniens, pour leur part, disposaient d'un énorme arsenal.

3. **Opérations et massacres.** — La guerre déborda rapidement les limites de la capitale pour s'étendre à tout le pays. Nous évoquerons très rapidement les opérations principales séparées, comme cela se produit souvent au Levant, par de nombreuses « missions de conciliation » du ministre syrien des Affaires étrangères, Abdel Hakim Kaddam, par des palabres entre représentants libanais, syriens et palestiniens, par des avertissements d'Israël, des conseils de sagesse de la Ligue arabe, par la formation de « Comités pour le dialogue », et par d'innombrables cessez-le-feu violés aussitôt qu'ils étaient proclamés.

Pendant l'été 1975, des combats meurtriers se déroulèrent à Beyrouth, dans la Bekaa, à Tripoli, dans le Akkar. Au mois d'octobre s'engagea à Beyrouth la « bataille des grands hôtels », qui se termina par la première et grave défaite des phalangistes ; menée avec d'importants moyens d'artille-

(1) Epoque à laquelle les chars Sherman et d'autres matériels lourds commencèrent à être livrés par Israël au Front libanais.

rie, elle marqua le début des grandes destructions de la capitale.

Au mois de janvier 1976, les Palestiniens de l'A.L.P. et de la Saïka encerclèrent la ville chrétienne de Damour, à 20 km au sud de Beyrouth. Cinq cents habitants furent massacrés, les femmes violées et emmenées dans les camps, des enfants mutilés (1). Dans le même temps, à Beyrouth, après une dure bataille, les Chrétiens s'emparaient d'une citadelle musulmane, le quartier de la Quarantine. Il y eut, parmi les 30 000 habitants, Palestiniens, Kurdes et Chiites, 600 à 1 000 morts.

Le 24 janvier intervint un cessez-le-feu imposé par les Syriens, en contrepartie d'un « projet en 17 points » proclamé par le président Frangié quelques jours plus tard, projet qui, sans abolir le confessionnalisme, en modérait considérablement les applications. Ce cessez-le-feu éveilla un grand espoir au Liban. Les écoles réouvrirent dans tout le pays, les banques reprirent leurs opérations, le premier ministre Rachid Karamé reprit la démission qu'il venait de donner, l'O.L.P. s'engagea publiquement à respecter la souveraineté du Liban sur tout son territoire.

Un homme, malheureusement, ne pouvait s'accommoder de la paix : le chef du Mouvement national, Kamal Joumblat. Le programme en 17 points, maintenant la répartition communautaire des trois présidences, continuait à lui interdire l'accès à la magistrature suprême. La paix, d'autre part, empêchait la destruction des Maronites conservateurs, ceux qu'il appelait les « isolationnistes ».

(1) L'aviation libanaise était intervenue pour briser l'encerclement de Damour, mais elle fut rappelée. Cette opération fut la dernière de l'armée régulière dans cette première phase de la guerre. Elle se désintégra après l'événement.

« Il fallait d'abord vaincre militairement le fascisme raciste de la droite chrétienne, pour le traiter ensuite politiquement, et enfin le soigner psychologiquement » (1).

La récente création, à partir des dissidents de l'armée libanaise de l'A.L.A. (p. 82), forte alors de plusieurs milliers d'hommes et dotée d'un important matériel, lui apporta les moyens de sa politique guerrière. Le 18 mars, la gauche libanaise et les Palestiniens, oublieux des accords signés, reprenaient le combat sur tous les fronts : à Beyrouth, dans la Bekaa, dans le Sud-Liban, au nord, mais surtout dans la Montagne ; là, les Palestino-progressistes avancèrent irrésistiblement, à Aley, dans le Chouf, le Metn, et même dans le fief chrétien du Kesrouan. Le réduit maronite (le Marounistan) — où le Front libanais avait pris en charge, avec une remarquable efficacité (2), tous les services publics — ne recouvrait plus que 18 % du pays et s'effritait tous les jours. Selon Joumblat, Bechir Gemayel avait demandé l'armistice, et les Phalanges s'apprêtaient à signer leur reddition.

Le partage du pays était en fait consommé. Et il paraissait à beaucoup définitif. On ne voyait pas, en effet, comment les Chrétiens pourraient briser leur encerclement. Certains en venaient même à se demander comment ils pourraient survivre.

C'est alors que se produisit le « miracle syrien ».

(1) Kamal Joumblat, *Pour le Liban*, p. 170.
(2) Mais, il est vrai, en s'appropriant illégalement une partie des ressources de l'Etat, en en rançonnant les habitants.

Chapitre II

VOLTE-FACE SYRIENNES

1. **Les raisons de la première volte-face.** — A vrai dire, jamais miracle n'avait été plus clairement annoncé. Depuis le début de l'année 1976, il apparaissait que l'attitude syrienne était en train de se modifier. La première manifestation de cette évolution avait été le cessez-le-feu du 24 janvier, imposé par Damas. Fin mai, à la suite de la dévastation par l'A.L.A. de villages chrétiens du Akkar, 2 000 hommes de troupes syriens pénétrèrent dans la région. Dans les jours qui suivirent, ce furent 10 000 soldats, appuyés par une centaine de chars, qui franchirent la frontière.

Cette volte-face ne traduisait aucun changement de la politique syrienne dans cette région de l'Orient, qui était fondée sur trois principes : maintien du Liban dans la mouvance syrienne, contrôle des Palestiniens (sujets potentiels, la Palestine faisant partie de la « Grande Syrie »), et enfin opposition au partage du Liban : un tel partage conduirait à la création, sur une partie du territoire, d'un Etat chrétien qui deviendrait inévitablement un satellite d'Israël, et d'autre part il apporterait une confirmation à la théorie israélienne d'après laquelle la création d'un Etat pluri-confessionnel en Palestine était impossible.

Or, au mois de mai 1976, les trois principes syriens se trouvaient en passe d'être contredits : grisés par les prémices de la victoire, le Mouvement national de Kamal Joumblat d'une part, l'O.L.P. de Yasser Arafat d'autre part, prenaient leurs distances à l'égard de la Syrie ; à l'inverse, le président Soleiman Frangié, uni par des liens divers à la famille de son homologue Assad, se montrait de plus en plus docile ; il est vrai qu'au mois de septembre Soleiman Frangié serait remplacé par Elias Sarkis, élu le 8 mai 1976, mais les circonstances de cette élection donnaient à penser que le nouveau président serait aussi conciliant que l'ancien.

Enfin, comme nous l'avons dit, la déroute prévisible des Chrétiens risquait de rendre définitif le partage du pays déjà pratiquement réalisé.

2. **La complicité syro-israélienne.** — L'intervention militaire ouverte de la Syrie ne pouvait être raisonnablement tentée que si la neutralité israélienne était acquise. Une assurance avait été obtenue grâce à l'entremise des Américains, touchés directement par le président Assad ou par l'intermédiaire du roi Hussein de Jordanie. Les Israéliens ne pouvaient qu'être favorables à une opération qui allait affaiblir les Palestiniens au moment où ceux-ci venaient d'obtenir d'importants succès sur le plan international ; mais en même temps ils ne pouvaient accepter que l'intervention de la Syrie lui conférât un avantage stratégique ; c'est pourquoi ils assortirent leur neutralité tacite d'une condition : le non-dépassement par l'armée syrienne de la *ligne rouge*, expression désignant non une limite précise, mais une zone assez mal définie, aux environs du fleuve Litani.

Mais qu'adviendrait-il si l'armée syrienne ne parvenait pas à restaurer au Liban une autorité politique crédible ? Il semble qu'une solution de rechange avait été prévue, sinon explicitée, par les puissances intervenantes, sans qu'elles aient eu à se consulter : la Syrie annexerait le Liban du Nord et la Bekaa, les Israéliens le Liban du Sud. Les gains territoriaux de la Syrie compenseraient la perte du Golan et les inconvénients du partage. Israël réaliserait le vieux projet sioniste d'annexion du bassin du Litani. Les Etats-Unis entrevoyaient, dans cette complicité informulée des deux puissances théoriquement antagonistes, l'amorce d'un règlement global du conflit arabo-israélien.

3. **Les Syriens au secours des Chrétiens.** — Les Syriens avancèrent dans deux directions : Beyrouth et Saïda. Sur la route de Beyrouth, ils occupèrent Zahlé, au cœur de la Bekaa, et s'arrêtèrent aux portes de la capitale. Malgré quelques revers (Bahmdoun, Saïda), ils coupèrent les voies terrestres et maritimes par lesquelles la résistance palestinienne recevait son ravitaillement.

Dès que fut desserré l'étau qui les avait un moment paralysés, les Chrétiens du *Front libanais* reprirent l'offensive et s'attaquèrent aux enclaves palestino-progressistes de la banlieue de Beyrouth, en particulier le quartier Nabaa où s'entassaient 100 000 Chiites, en grande partie réfugiés, qui fut occupée le 8 juin, et surtout Tell-el-Zaatar, camp palestinien dont l'essentiel était une énorme forteresse bétonnée, avec trois étages souterrains, équipée d'un matériel lourd, canons et fusées, grâce auquel elle tenait sous son feu les débouchés de Beyrouth vers la montagne chrétienne. Tell-el-Zaatar tomba au bout de cinquante-deux jours après 70 assauts (12 août 1976) ; les combats firent 2 500 morts parmi les Palestiniens (source O.L.P.) et 800 parmi les Chrétiens (source Front libanais). Les assaillants capturèrent dans le camp des terroristes de toutes nationalités (Japonais, Allemands, Sud-Américains, Pakistanais, Libyens, etc.).

La Syrie ne voulait pas l'arabisation du conflit, mais la Ligue arabe s'en empara à la suite d'un appel pressant de Yasser Arafat. A la réunion du Caire, il fut décidé que les troupes syriennes seraient remplacées par une Force de paix arabe (F.P.A.), dépendant du secrétaire général de la Ligue arabe. Quatre mois plus tard, à Ryad, le président syrien Assad obtenait le remplacement de la F.P.A. par une Force de dissuasion arabe (F.A.D.) chargée de promouvoir le retour à la situation antérieure à avril 1975, et de faire appliquer les accords du Caire, sous contrôle de la Ligue arabe, et dans le respect de la souveraineté libanaise. Placée sous le commandement — purement théorique — du Président libanais, nantie d'un mandat de six mois indéfiniment renouvelable, la F.A.D. devait compter 30 000 hommes : 25 000 Syriens et des contingents saoudiens, soudanais, yéménites, libyens et des Emirats arabes unis. Ces contingents non syriens furent retirés progressivement par leurs gouvernements et la force devint exclusivement syrienne. Le président Assad avait bien manœuvré : rien n'était changé dans son dispositif politico-militaire, sinon que les Etats arabes assumeraient collectivement la responsabilité de ses actions, et que ses forces d'occupation seraient financées par l'Arabie Saoudite et par les Emirats.

Malgré quelques dramatiques incidents, comme l'assassinat de Kamal Joumblat (16 mars 1977), une certaine accalmie s'étendit sur le Liban. Elle fut malheureusement de courte durée.

Beyrouth

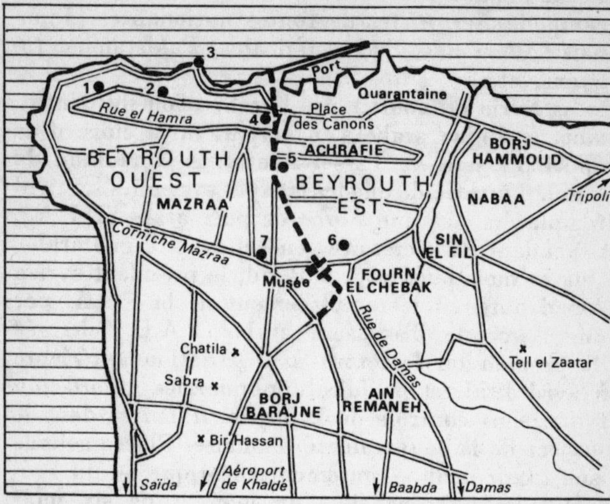

1. Université américaine ; 2. Ambassade de France ; 3. Hôtel Saint-Georges ; 4. Parlement ; 5. Université Saint-Joseph ; 6. Hôtel-Dieu ; 7. Hôpital Barbir (d'après *Maghreb-Machrek*, n° 73, 1976).

4. La Syrie adhère au « Front du refus ». — L'année 1977 fut en effet marquée dans le monde par un certain nombre d'événements qui eurent un impact indirect, mais déterminant, sur la situation au Liban : l'élection à la présidence des Etats-Unis de Jimmy Carter dont l'un des grands desseins était de parvenir à un règlement global du conflit israélo-arabe, l'accession à la tête du gouvernement israélien de Menahem Begin, ancien chef de l'Irgoun, le mouvement terroriste sioniste, dont la politique arabe eut pour objet de détruire militairement et moralement la résistance palestinienne, les initiatives du président Sadate qui, au mois de novembre, eut l'audace de se rendre à Jérusalem et d'inaugurer, dans un discours à la Knesset, le processus de paix avec Israël. Cet acte inouï, pour courageux et réaliste qu'il fut, provoqua les protestations indignées d'une partie du monde arabe. Le 1er décembre, l'Egypte fut condamnée à la Conférence de Tripoli à laquelle participèrent les chefs d'Etat ou représentants de la Libye, de l'Algérie, de l'Irak, du Yémen du Sud, de l'O.L.P. et de la Syrie.

La Syrie avait choisi le camp du refus. Et ce choix devait entraîner d'importantes conséquences.

5. **Nouveau retournement syrien.** — La perspective, désormais envisageable, d'une paix israélo-égyptienne, donnait à penser qu'un Liban réunifié sous la conduite d'un président maronite pourrait à son tour conclure la paix avec son voisin du Sud. L'attitude du Front libanais, de plus en plus exigeant à mesure que sa situation militaire et politique se rétablissait, puis s'imposait, n'avait rien qui pût rassurer les Syriens. Dans le Sud, le commandant Haddad, à la tête d'une fraction chrétienne dissidente de l'armée et de milices chiites, avait noué d'étroites relations avec Israël. Le Front libanais, le président Sarkis même mettaient en cause les accords du Caire et de Chtaura, la présence des Palestiniens au Liban. Or, si la Syrie avait « mis au pas » les Palestiniens lorsqu'ils menaçaient l'intégrité du Liban, elle ne voulait pas qu'ils soient chassés du pays, pour la raison qu'on n'en voulait pas ailleurs. Le président Assad, qui avait escompté que son intervention de juin 1976 serait « une occasion unique d'orienter les Maronites vers la Syrie », se rendait compte qu'il s'était trompé ; le modèle

politique maronite n'était pas conforme au modèle syrien.

Les premiers affrontements entre Syriens et Chrétiens du Front libanais eurent lieu en février 1978. La situation empira rapidement, et l'artillerie lourde de la F.A.D. soumit les quartiers chrétiens de Beyrouth à d'intenses bombardements qui s'échelonnèrent de juillet à octobre, provoquant de lourdes pertes et des destructions considérables (1). Un cessez-le-feu eut lieu le 7 octobre après une intervention du Conseil de Sécurité, mais les combats se poursuivirent jusqu'en mars 1979. Le nouveau retournement syrien eut plusieurs conséquences. La première, purement intérieure, fut une brisure au sein de la communauté maronite. Soleiman Frangié était l'homme de Assad, comme il avait été celui de Nasser en 1958. Il aligna sa politique sur celle des Syriens et se rangea à leurs côtés après s'être retiré du Front libanais (11 mai 1978). La réaction des phalangistes fut brutale : le 13 juin, les Frangié furent attaqués dans leur fief. Tony Frangié, fils de Soleiman, sa femme, sa fille et 32 de ses partisans furent tués à Ehden. Une nouvelle guerre tribale se superposa à la guerre générale ; elle apporta son contingent de victimes. La seconde conséquence, politiquement plus grave, fut l'instauration — ou plus exactement le resserrement — des liaisons entre le Front national et Israël. Le 28 août 1978, le Premier Ministre israélien, accompagné de ses ministres de la Défense et des Affaires étrangères, aurait reçu une délégation du Front libanais (2).

D'autres rencontres secrètes suivirent entre le général Weizmann, ministre israélien de la Défense,

(1) Les seuls bombardements des premiers jours d'octobre *auraient fait*, de source phalangiste, 500 morts.

(2) Déclaration de M. Begin à la Knesset, 3 juin 1981.

Bechir Gemayel et Dany Chamoun (fils de l'ex-président). C'est à partir de ce moment que l'on commença à voir des chars Sherman dans les camps phalangistes, puis l'apparition de discrets conseillers israéliens, et des débarquements nocturnes de matériel et de munitions.

6. **Intervention israélienne au Sud-Liban. La F.I.N.U.L.** — Le 17 mars 1978, à la suite d'un attentat palestinien près de Tel-Aviv, les troupes israéliennes franchirent massivement la frontière libanaise et occupèrent une « ceinture de sécurité » profonde de 10 à 23 km. Cette attaque fit des centaines de morts et entraîna un nouvel exode (en partie provisoire) de 250 000 personnes, en majorité chiites.

Le Conseil de Sécurité, réagissant avec une célérité inaccoutumée, exigea le 19 le retrait immédiat des Israéliens et créa une Force intérimaire des Nations Unies pour le Liban-Sud (F.I.N.U.L.), dont les premiers contingents arrivèrent à Beyrouth le 23 mars. La mission de la F.I.N.U.L. était de contribuer à la restauration de l'autorité du gouvernement libanais dans le Sud-Liban, mission qui apparaît illusoire si l'on considère que cette région échappait au contrôle de ce gouvernement depuis plusieurs années.

Placée sous l'autorité du Conseil de Sécurité et du secrétaire général de l'O.N.U. (mais avec l'accord constant du gouvernement libanais), la F.I.N.U.L. compta 4 000 hommes, puis 6 000, puis 7 000, appartenant à une dizaine de nations, dont la France.

Les Israéliens se retirèrent le 13 juin, après quatre-vingt-onze jours d'occupation. Mais, en partant, ils remirent les territoires composant la « ceinture de sécurité » non à la F.I.N.U.L., comme l'avait exigé le Conseil de Sécurité, mais aux forces du commandant Haddad, qui était passé entièrement sous leur contrôle (1). Il en résulta dans le Sud-Liban une situation compliquée et conflictuelle, Haddad occupant une bande de terrain de 10 km de large environ le long de la frontière israélienne et la F.I.N.U.L. étant déployée plus au nord, jusqu'au Litani.

7. **La crise de Zahlé et l'affaire des missiles.** — Au cours des événements qui viennent d'être résumés, ni les Syriens ni les Israéliens n'avaient franchi la *ligne rouge*, en sorte qu'aucun affrontement n'avait eu lieu entre leurs deux armées. Cette coexistence pacifique fut une première fois troublée lors de l'affaire de Zahlé.

Zahlé, principale ville de la Bekaa, est située au pied du Mont-Liban, au carrefour des routes Beyrouth-Damas et Beyrouth-Homs, et donc sur les deux axes essentiels des communications syriennes au Liban.

Peuplée de Grecs catholiques, Zahlé fut occupée au début de 1981 par les Phalangistes qui entreprirent la construction d'une route de montagne reliant directement la ville au dispositif central des forces chrétiennes. Les Syriens réagirent immédiatement en instaurant un blocus de Zahlé qui dura trois mois, provoquant des pertes et de grandes souffrances dans la population. L'affaire se termina

(1) Haddad étant intervenu contre l'armée libanaise fut révoqué par le gouvernement libanais. A partir de ce moment Haddad et ses hommes furent payés et équipés par les Israéliens. Le 18 avril 1979, Haddad proclama l' « Etat du Liban libre », pseudo-Etat comprenant la zone qu'il occupait : 100 × 10 km environ. Haddad fut inculpé de haute trahison à Beyrouth. Saad Haddad est mort (de maladie) le 14 janvier 1984.

grâce à une médiation saoudienne ; mais elle avait entraîné une complication internationale lorsque l'aviation israélienne, venant au secours des phalangistes, avait abattu deux hélicoptères syriens. En réponse à ces raids, la Syrie avait envoyé dans la Bekaa des fusées soviétiques SAM (1). M. Begin menaça aussitôt de faire détruire ces engins par son aviation. En fait, celle-ci n'intervint pas dans la Bekaa, mais les attaques israéliennes se multiplièrent dans d'autres secteurs — partout où se trouvaient des Palestiniens — culminant dans une attaque combinée terre-air-mer contre le Chouf et Beyrouth-Ouest, qui fit plus de 200 morts et 700 blessés dans les quartiers populaires de la capitale. Ces agressions prirent fin à la suite d'une très vigoureuse intervention américaine. L'envoyé spécial du président Reagan, Philip Habib, obtint des Israéliens et de Yasser Arafat un cessez-le-feu qui entra en vigueur le 24 juillet 1981 (2).

(1) SAM ou SA est l'appellation O.T.A.N. des missiles sol-air soviétiques. Il existe des SAM 1, 2, 3, 4, 5, 6, 7, 8, 9, 13. Le numéro n'est pas proportionnel à la puissance des missiles, qui sont destinés à lutter contre les avions à haute, moyenne ou basse altitude. Un SAM 5 et sa rampe de lancement pèsent 10 t. Le SAM 7B est portable à dos d'homme. La plupart sont sur véhicules.

(2) Les Israéliens ne reconnaissant pas l'existence de l'O.L.P., le texte de cet accord ne fut pas signé. il ne fit même l'objet d'aucun document écrit. Il reposa sur la parole de Philip Habib et son message au président Reagan.

Chapitre III

L'INVASION ISRAÉLIENNE

1. **Les motivations israéliennes.** — M. Begin n'avait pas accepté sans une profonde amertume l'armistice du 24 juillet, imposé par la pression américaine. Il estimait être investi d'une mission quasi divine : la destruction de la résistance palestinienne, et il était conforté dans cette certitude par les deux « faucons » de son gouvernement, les ministres de la Défense et des Affaires étrangères Ariel Sharon et Itzhac Shamir. Mais, pour « casser » l'organisation militaire des Palestiniens, il fallait aller jusqu'à Beyrouth. C'était là une grande affaire politique, dont on pouvait penser, *a priori*, qu'elle susciterait de graves réactions aux Etats-Unis, dans le reste de l'Occident, en U.R.S.S., dans les pays arabes et en Israël même. Le gouvernement israélien considérait que les réactions occidentales — Etats-Unis exceptés — étaient sans importance ; il savait que l'U.R.S.S. se limiterait à une protestation, que les Etats arabes ne feraient pas la guerre. En ce qui concerne les Etats-Unis, il est presque certain qu'ils furent consultés et qu'ils donnèrent leur accord ; à tout le moins que le général Haig, secrétaire d'Etat et partisan inconditionnel d'Israël, donna son accord (1).

(1) Le général Haig était peut-être allé dans son approbation plus vite et plus loin que ne le souhaitait le président Reagan. Il dut démissionner le 25 juin.

Par la suite, les Etats-Unis bloquèrent l'action des Nations Unies, tant au Conseil de Sécurité qu'à l'Assemblée générale (1).

Restait l'opinion publique israélienne qui était loin d'approuver unanimement la politique arabe « dure » de Begin, et qui le faisait savoir. Il était certain qu'elle s'opposerait vigoureusement, peut-être violemment, à l'invasion du Liban. C'est pourquoi le gouvernement Begin imagina l'opération « Paix en Galilée ».

A partir de l'armistice du 24 juillet 1981, la dénonciation du terrorisme palestinien fit l'objet d'une intense campagne psychologique. Au matraquage permanent de leurs camps — qui avaient fait, dans la seule semaine du 17 au 24 juin 1981, 500 morts et 1 200 blessés — les Palestiniens avaient répondu par quelques tirs de Katyouchka et de canons de 130 mm sur les villages de Galilée, qui s'étaient révélés beaucoup plus efficaces que leurs actions passées (ils ne firent que 8 morts, mais auraient provoqué un exode partiel des Israéliens de la frontière nord). L'ex-chef de l'Irgoun n'hésita pas à placer le masque du terrorisme sur le visage de ses victimes. Il appela le peuple d'Israël à une croisade : « Paix pour la Galilée », croisade qui devait sauver cette province de la destruction en vidant de ses occupants palestiniens une bande de 40 km de profondeur au nord de la frontière — c'est-à-dire jusqu'au fleuve Zahrani.

« Paix pour la Galilée » serait accepté par l'opinion israélienne, après la préparation adéquate. Une fois l'armée lancée, il appartiendrait au général Ariel

(1) Veto américain au projet de résolution du Conseil de Sécurité (8 juin 1982). Les Etats-Unis votent, seuls avec Israël, contre la décision de l'Assemblée générale du 26 juin exigeant le retrait immédiat et inconditionnel des forces israéliennes.

Sharon, ministre de la Défense, et au général Raphaël Eytan, chef d'état-major, de la conduire aussi loin qu'on le souhaiterait.

2. **Les opérations.** — Le 6 juin 1982, les troupes israéliennes franchirent la frontière libanaise. Cette opération avait eu lieu à plusieurs reprises dans le passé, mais il s'agissait cette fois de tout autre chose : d'une armée de 60 000 hommes, puissamment soutenue par l'artillerie et par la marine.

Cette armée traversa rapidement la zone tampon occupée par la F.I.N.U.L. qui renonça à toute opposition (1). Le lendemain, elle s'empara du château de Beaufort, place forte palestinienne, de Tyr, Nabatiyé et Hasbaya, puis du Chouf, où les Druzes n'opposèrent aucune résistance. Les 9 et 10 juin, les Israéliens atteignaient les abords de l'aérodrome de Khaldé et commençaient à bombarder les banlieues de Beyrouth. Le 13, ils occupaient Baabda, siège du gouvernement libanais, à quelques kilomètres au sud de Beyrouth ; la population maronite les y accueillit avec des fleurs.

L'encerclement de Beyrouth était désormais complet. L'armée syrienne, après de brefs combats, avait accepté le 11 un cessez-le-feu proposé par Israël. 7 000 Palestiniens étaient prisonniers, 2 000 tués, les autres enfermés dans Beyrouth-Ouest (2).

Un matériel considérable avait été saisi. Une semaine après son déclenchement, l'opération israélienne semblait sur le point de se terminer heureusement.

(1) A l'exception des Norvégiens, qui eurent un tué, et des Népalais, qui obligèrent les Israéliens à contourner leurs positions.

(2) Le camp d'Aïn el Héloué, près de Saïda, ne tomba que le 15 juin. A l'aérodome de Khaldé, les Palestiniens et les Chiites du mouvement Amal résistèrent jusqu'au 1er août.

En réalité, il n'en était rien. L'essentiel restait à faire.

3. **Attitude des Syriens.** — Avant de poursuivre ce récit, évoquons en quelques mots ce que furent les rapports syro-isréaliens au cours des deux mois (juin-juillet) pendant lesquels l'invasion se développa. Aucune des deux armées occupantes ne chercha l'affrontement, mais il était inévitable qu'elles se rencontrassent, car les Syriens étaient sur le chemin de Beyrouth. En fait, il y eut une bataille syro-israélienne, du 7 au 10 juin, puis des engagements limités le 24 juillet, en août et en septembre. Au cours de ces opérations, la Syrie perdit 88 avions, 6 hélicoptères, de 116 à 400 chars (selon les sources), toutes les rampes de fusées SAM furent détruites ; les pertes israéliennes furent 2 avions, 2 hélicoptères, de 50 à 100 chars.

La bataille ainsi perdue par la Syrie n'avait rien de décisif sur le plan militaire, Damas ayant refusé toute escalade et n'ayant engagé dans cette affaire que 15 % de son corps de bataille. Elle avait en revanche d'importantes conséquences morales : la F.A.D. n'avait pas accompli sa mission, et elle avait montré que, face à l'armée israélienne, elle n'était pas disposée à le faire.

Ce bref épisode apportait par ailleurs un enseignement très intéressant : l'extraordinaire maîtrise d'Israël dans la conduite de la guerre électronique et la supériorité dans ce domaine de la technologie américaine — éventuellement améliorée par le génie hébreu — sur la technologie russe.

4. **Le siège de Beyrouth-Ouest.** — Le but de l'invasion israélienne était la destruction de l'appareil militaire palestinien. Au début du mois de

juillet 1982, près de 10 000 Palestiniens avaient été mis hors de combat, des quantités énormes de matériel saisi (1). Mais la partie la plus importante du corps de bataille de l'O.L.P. demeurait à Beyrouth-Ouest. Le but de M. Begin n'était pas atteint.

Beyrouth-Ouest était une ville de 400 000 à 500 000 habitants, parmi lesquels 15 à 20 000 combattants : 10 000 à 12 000 fedayin, 2 500 miliciens du *Mouvement national*, 1 500 Chiites d'*Amal*, 2 000 soldats syriens. Ces combattants avaient eu le temps de se fortifier puissamment et leur moral était élevé. Un assaut contre la ville aurait constitué une opération longue et terriblement meurtrière, non seulement pour la population, mais pour les assaillants. Israël n'était pas prêt à en payer le prix. La seule solution était de faire sortir les Palestiniens de la ville par une négociation appuyée d'un blocus si dur qu'il deviendrait rapidement insupportable. Le seul négociateur possible, parce qu'accepté par toutes les parties, était Philip Habib, le représentant du président Reagan, arrivé au Levant dès le 7 juin. Il déploya pendant deux mois une inlassable activité.

Pour user la détermination des habitants et des combattants, Israël soumit Beyrouth à de terribles bombardements par terre, par air et par mer, que n'interrompirent que de très brefs cessez-le-feu. Ce furent des bombardements de terreur, exécutés avec les armes les plus cruelles (bombes à fragmentation, bombes au phosphore). Ils atteignirent non seule-

(1) Ces prises n'atteignirent cependant pas les quantités extravagantes dont firent état, sur le moment, certains media et la rumeur publique (armement destiné à des divisions soviétiques prêtes à intervenir au Moyen-Orient !). La liste des matériels quelque peu périmés, en ce qui concerne les chars, par exemple, a été publiée par *Maghreb-Machrek* (n° 97, 3e trimestre 1982), d'après une source militaire israélienne.

ment les centres (ou ex-centres) des organisations palestiniennes, mais des marchés populeux, des convois de ravitaillement, un hôpital au moins. Ils firent, de source U.N.I.C.E.F., 29 506 morts et blessés, dont 11 840 enfants, 868 femmes, 1 100 combattants ; 2 994 blessés graves étaient atteints de brûlures au phosphore.

Privant la ville, à de nombreuses reprises, d'eau et d'électricité, les Israéliens voulurent faire de Beyrouth-Ouest un enfer où ne subsisteraient plus qu'une population hagarde et des combattants démoralisés. Ils échouèrent.

5. **L'évacuation des fedayin.** — Enfin, le 19 août 1982, après une intervention menaçante du président Reagan, le gouvernement israélien accepta le dernier plan Habib : les Palestiniens, conservant leur armement individuel, seraient évacués vers la Syrie et les autres pays arabes, sous la protection d'une force internationale d'interposition dont le gouvernement libanais demandait officiellement l'envoi, et qui serait composée de contingents français, américain et italien.

Les choses allèrent très vite. Un premier bataillon français arriva le 21 août (1), et le départ des fedayin commença quelques heures plus tard. Ce départ se termina le 3 septembre avec l'embarquement de Yasser Arafat pour la Grèce ; le nombre des hommes évacués fut environ 15 600 (2). Sa

(1) Le reste du contingent arriva les jours suivants. 854 hommes en tout (Eric Lefèvre, *Opération Epaulard 1*, Paris, Lavauzelle, 1982). Les Américains (800 marines) débarquèrent le 25, les Italiens (530 bersaglieri) le 27.

(2) 7 100 fedayin, un millier de combattants non rattachés à l'O.L.P., 1 300 responsables civils de l'O.L.P., 6 200 hommes des brigades de l'A.L.P. (parmi lesquels 2 000 soldats syriens). Les 3 500 miliciens islamo-progressistes libanais ne furent pas touchés par les mesures d'évacuation.

mission terminée, la *force d'interposition* fut retirée du Liban (Américains le 10 septembre, Italiens le 11, Français le 13).

6. **Election et assassinat de Bechir Gemayel.** — Le mandat du président Sarkis arrivait à expiration en septembre 1982. Pour le remplacer, les Libanais sentaient le besoin d'un homme fort, et, malgré son engagement, beaucoup de regards se tournaient vers Bechir Gemayel, le jeune chef du Front libanais, qui avait posé sa candidature le 27 juillet. Celui-ci s'employait à élargir son assise politique. Il ne pouvait contester qu'il était l'homme des Phalanges, il ne voulait pas apparaître comme l'homme des Israéliens. Il avait, certes, coopéré avec le gouvernement de Jérusalem, mais il avait refusé que les Phalangistes se battent aux côtés des Israéliens pendant l'invasion. Il se rapprocha des dirigeants musulmans, se rendit en Arabie Saoudite, et s'il ne put s'entendre avec les ministres arabes réunis à Taëf, c'est parce qu'il n'accepta pas leurs exigences concernant la présence palestinienne au Liban ; du moins il discuta avec eux, et ne cessa de proclamer que les deux armées étrangères, syrienne et israélienne, devaient évacuer son pays. Certes, Bechir Gemayel ne faisait pas l'unanimité et, dans des circonstances normales, un autre candidat lui aurait probablement été préféré. Mais le parlement était isolé du reste du pays et les députés hostiles à Bechir n'avaient pas la possibilité de communiquer avec leurs partisans, ni d'organiser aucune manœuvre politique. Ils se résignèrent et se réfugièrent dans l'abstention ; certains, même, accordèrent un vote réticent à Bechir Gemayel, qui fut élu le 23 août 1982, trois jours après l'accord mettant fin au martyre de Beyrouth-Ouest. Les Israéliens

s'étaient provisoirement retirés des abords de l'Académie militaire de Fayadieh, où avait lieu le vote, mais celle-ci demeurait à portée de leurs canons. Six ans plus tôt, l'élection d'Elias Sarkis avait lieu au contact de l'armée syrienne. Ainsi, les années passaient, mais le Liban demeurait, jusqu'en ses moments les plus solennels, soumis aux pressions et aux menaces de l'étranger.

Trois semaines après son élection, le 14 septembre — le lendemain du départ du dernier contingent de la Force internationale d'interposition —, Bechir Gemayel était tué dans un attentat qui fit 20 morts et 60 blessés (1). Ainsi disparaissait un homme qui, malgré la brutalité des exactions qu'il avait commises ou couvertes, avait suscité au Liban bien des espoirs, non seulement chez les Chrétiens, mais encore chez beaucoup de Musulmans modérés.

7. **Amine Gemayel élu à son tour.** — Le jour même de l'assassinat du président libanais, les troupes israéliennes entrèrent dans Beyrouth-Ouest pour prévenir les troubles possibles. Elles occupèrent les abords des camps palestiniens, assignant à des bataillons phalangistes la difficile mission de pénétrer dans ces camps et de contrôler leurs habitants. C'est dans ces conditions que se perpétrèrent les massacres de Chatila, du 16 au 18 septembre. Plus de 1 300 Palestiniens trouvèrent la mort dans ce camp. Ces terribles exactions suscitèrent l'indignation du monde entier, Israël compris. La responsabilité du gouvernement israélien et de son armée

(1) L'organisateur présumé de cet attentat fut arrêté un peu plus tard. Il se nommait Habib Tanios Chartouni et appartenait à l'une des branches du Parti national syrien (P.N.S. ou P.P.S.). L'assassinat des chefs d'Etat ou de gouvernement semble être l'une des spécialités de ce parti : Husni Zaïm en 1949, Riad Solh en 1951, Adib Chichakli.

avait été évidente. L'occupation de Beyrouth-Ouest avait été entreprise contre la volonté du gouvernement libanais et en violation d'une résolution du Conseil de Sécurité. Le contrôle des camps avait été confié à des Phalangistes enragés par l'assassinat de leur chef, deux jours plus tôt. Les massacres avaient été perpétrés sous les yeux des militaires israéliens ; le ministre Shamir, prévenu, n'avait rien fait. Telles furent les conclusions de la commission d'enquête Kahan instituée par le gouvernement israélien sous la pression très violente d'une opinion publique horrifiée. Begin resta au gouvernement, Shamir aux Affaires étrangères, Sharon, du moins, se vit retirer la Défense.

Cependant, il fallait élire un successeur à Bechir Gemayel. Le seul candidat crédible était son frère aîné, Amin. Un accord quasi général se fit sur son nom et, le 21 septembre 1982, il fut élu au premier tour, avec 77 voix (et trois votes blancs), huitième président du Liban indépendant.

Le 24 septembre, en réponse à une demande formulée par le gouvernement au lendemain de l'assassinat de Bechir Gemayel et des massacres de Chatila, arrivèrent à Beyrouth les premiers contingents d'une nouvelle Force multinationale : 3 800 Américains, Français et Italiens, rejoints plus tard par un contingent britannique.

*
* *

La large élection du nouveau président amena une certaine détente. Soleiman Frangié, seigneur de Zgortha, et Ibrahim Koleilat, chef de l'un des mouvements de gauche les mieux armés (Mourabitoun), annoncèrent leur ralliement. Les Israéliens évacuèrent Beyrouth-Ouest, le port de Beyrouth, l'aéroport de Khaldé (26-28 septembre). Le 30 septembre, les Libanais fêtèrent la réunification de leur capitale, que la guerre divisait depuis sept ans. Un nouveau chef fut appelé à la tête d'une armée réorganisée, rééquipée et renforcée, dont les effectifs dépassèrent 30 000 hommes, et dont le recrutement fut basé (à partir d'octobre 1983) sur la conscription ; cette armée occupa la quasi-totalité de Beyrouth-Ouest.

Situation au Liban à la fin de 1983

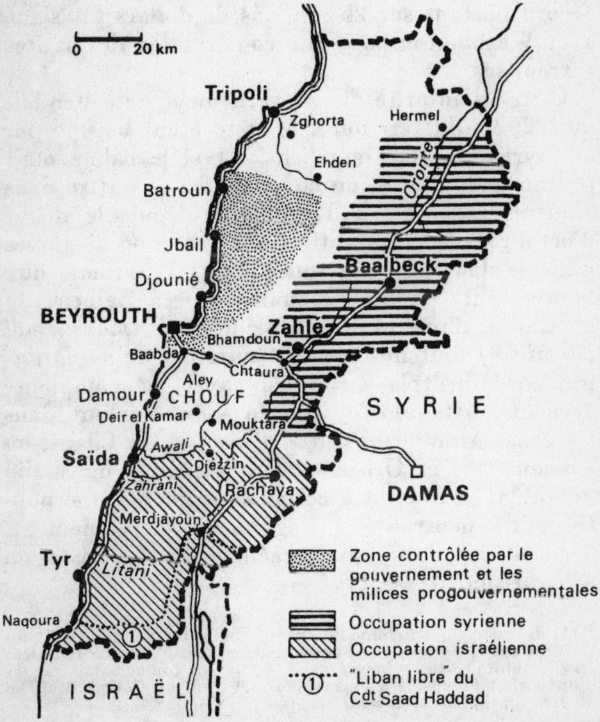

En octobre, le nouveau président se rendit aux Etats-Unis, en France et en Italie ; à Paris, il rencontra Walid Joumblat, qui annonça la suspension des activités du *Mouvement national.* Le 15 novembre, le président alla rendre visite, à Riyadh, au grand frère arabe.

A Beyrouth, les hommes d'affaires dévoilèrent les plans de reconstruction audacieux qu'ils avaient préparés. Un projet chiffré à 62 milliards de livres fut présenté. Le gouvernement demanda à la Banque mondiale un prêt de 50 millions de dollars. Un accord portant sur 26 millions de dollars fut signé avec Washington pour la reconstruction des petites entreprises.

Certes, l'autorité du gouvernement ne s'étendait qu'à 20 % du territoire, le reste étant occupé par les Syriens et les Israéliens. Et si le calme était revenu à Beyrouth, on continuait à se battre dans d'autres régions : à Tripoli où, depuis le début d'octobre, de sanglants combats opposaient les milices alaouites, soutenues par les Syriens, aux mouvements populaires sunnites — à Balbeck où les Chiites d'une branche dissidente d'*Amal (Amal islamique)* soutenus par des centaines de *pasdarans* iraniens, infiltrés au Liban avec la complicité syrienne, attaquaient l'armée — et surtout dans les cazas à majorité druze d'Aley et du Chouf, où Phalangistes et Druzes s'affrontaient et où Walid Joumblat, qui avait à ce moment adopté une politique de neutralité à l'égard du gouvernement, accusait les occupants israéliens de favoriser un séparatisme druze (1).

(1) Il existe en Israël une importante minorité druze (50 000 plus 13 000 dans le Golan). Ces Druzes sont les seuls Arabes à faire leur service militaire (les « bérets verts »). Ils ont toujours fait preuve d'un parfait loyalisme à l'égard d'Israël (sauf au Golan). Mais les Druzes pratiquent la *taqiya.*

Certes, à la fin de 1982, la souveraineté du Liban n'était pas rétablie, ni la paix partout revenue, mais l'espoir apparaissait une fois de plus de sauver l'existence et peut-être l'unité du pays.

8. **L'accord israélo-libanais.** — Le gouvernement israélien attendait de sa coûteuse expédition bien autre chose que la destruction de l'appareil militaire palestinien au Sud-Liban ; il voulait un traité de paix. Mais ni Bechir, ni Amine Gemayel ne pouvaient aller jusque-là ; l'appartenance du Liban au monde arabe, sa dépendance du monde arabe ne le permettaient pas. L'armée israélienne aux portes de Beyrouth, il fallait pourtant négocier. Cette négociation fut dure. Pour la faire aboutir, le président Reagan mit tout son poids dans la balance, ses envoyés au Moyen-Orient, Philip Habib et Morris Draper, se dépensèrent sans compter. Finalement, le 17 mai, un accord fut signé à Khaldé (Liban) et Kyriat-Chmoneh (Israël), par les chefs des trois délégations libanaise, israélienne et américaine, MM. Fattal, Kimche et Draper.

Comme à Camp-David, les Américains étaient donc partie à cet accord qui portait sur quatre points : 1) il mettait fin à l'état de guerre entre le Liban et Israël (état de guerre qui remontait à 1948); 2) il comportait des clauses de sécurité : armement autorisé au Sud-Liban, création de patrouilles mixtes, etc. ; 3) il définissait un cadre d'accords réciproques concernant la libre circulation des personnes et des biens ; 4) il établissait un programme de retrait général des forces israéliennes, qui devait avoir lieu huit à douze semaines après la ratification, sous réserve d'un retrait simultané des forces syriennes. Cet accord était prolongé par d'importantes annexes secrètes dans lesquelles étaient traitées des questions de sécurité entraînant d'importantes atteintes à la souveraineté libanaise (1).

Cet accord fut approuvé par le gouvernement libanais, entériné implicitement par le parlement libanais qui vota son soutien au gouvernement et explicitement par la Knesset israélienne ; il fut salué par les Egyptiens comme une avance positive sur la voie d'une paix juste et durable, commenté sans acrimonie par les Saoudiens. En revanche l'U.R.S.S., par Agence Tass interposée, fit connaître sa réprobation concernant un pacte qui ferait du Liban un Etat vassal d'Israël et conduirait à sa division ; l'O.L.P. manifesta une hostilité d'autant plus catégorique que sa négociation avec le roi Hussein venait d'être interrompue. Quant aux Syriens, ils déclarèrent que le Liban venait d'aliéner sa souveraineté, et qu'il ne pouvait être question du retrait de ses troupes tant que ce pacte ne serait pas dénoncé.

En résumé, les Israéliens ne consentiraient à se retirer du Liban que si les Syriens en partaient, les Syriens que si les Israéliens en étaient partis. Une fois de plus, on était dans une impasse.

9. Le Congrès national de Réconciliation. — Au Liban même, l'accord libano-israélien mit fin à la trêve intervenue au lendemain de l'élection d'Amine Gemayel ; il fut rejeté par tous ceux qui avaient appartenu, à un moment ou à un autre, au clan des Palestino-progressistes. Le 23 juillet 1983, Walid Joumblat, fils et successeur de Kamal, annonça la constitution d'un *Front de Salut national*, dirigé par lui-même, Rachid Karamé, le leader sun-

(1) Sur le texte de l'accord : *France-Pays arabes*, juin 1983 (sauf les annexes secrètes).

nite de Tripoli, et Soleiman Frangié. Simultanément, la presse syrienne encourageait les Libanais à prendre les armes contre le gouvernement en place.

Ces initiatives séditieuses furent aggravées par une décision d'Israël qui, le 3 septembre, devant la multiplication des attentats dirigés contre ses soldats, resserra son dispositif et replia ses troupes derrière le fleuve Zahrani. Malheureusement, les Israéliens, renouvelant une manœuvre déjà utilisée en juin 1978, ne remirent pas les positions qu'ils abandonnaient dans le Chouf à l'armée libanaise, mais aux milices druzes. Ce comportement ambigu eut pour résultat de sanglants affrontements entre Druzes et Phalangistes, puis entre Druzes et Palestiniens appuyés par les Syriens d'une part, l'armée libanaise d'autre part, et les massacres concomitants de centaines de villageois, en majorité maronites. Les Druzes et leurs alliés remportèrent des succès notables, occupant Bhamdoun et les crêtes d'où leur artillerie pouvait pilonner Beyrouth et Khaldé. La guerre menaçait de reprendre sur une grande échelle. Des médiations de sources multiples, appuyées par la présence à Beyrouth et dans ses eaux de forces américaines et françaises non négligeables, aboutirent enfin le 25 septembre à la constitution d'un *Congrès national de Réconciliation* qui se réunit le 31 octobre à Genève, avec la participation du président Amine Gemayel, de Pierre Gemayel et Camille Chamoun, de Soleiman Frangié, de Saeb Salam (Sunnite de Beyrouth), de Nabih Berri (Chiite, chef de « Amal ») et de deux observateurs syrien et saoudien.

Selon un scénario désormais classique, cette perspective d'apaisement suscita la violence des extrémistes. Le 23 octobre, des camions chargés d'explosifs, conduits par des kamikases, furent lancés contre les bâtiments occupés par les forces d'interposition française et américaine, faisant 58 et 219 morts. Le 9 novembre, un attentat semblable dirigé contre le Q.G. de l'armée israélienne de Tyr tua 61 personnes dont 29 Israéliens. La responsabilité de ces tueries incombe presque certainement à « Amal islamique », la secte de Hussein Moussaoui installée à Baalbek et fanatisée par des pasdaran iraniens (1).

Le président Assad, quant à lui, entreprit de poursuivre la destruction de l'O.L.P. commencée seize mois plus tôt par les Israéliens. A un moment décisif de l'histoire du Moyen-Orient, le président syrien se veut en situation de force (relative) par rapport aux deux grands. Il lui faut pour cela devenir le maître de la résistance palestinienne, ce qui implique l'élimination politique et si possible physique de son chef prestigieux, Yasser Arafat. C'est la raison pour laquelle l'armée syrienne, poussant devant elle quelques extrémistes (Abou Moussa, Ahmed Jibril), a reçu pour mission d'écraser, voire d'anéantir, les formations orthodoxes de l'O.L.P., dans la Bekaa, puis à Tripoli.

Pour en finir, le président Assad lance son allié Amal dans les combats. Epuisés par la « guerre des camps » et le siège de plus de trente mois (juin 1985 - mars 1988) de Borj Al Barajneh, Sabra et Chatila à Beyrouth et Rachidiye au sud, qui a fait plusieurs milliers de morts, les Palestiniens concluent une trêve avec Amal le 23 décembre 1988. Les combattants, regroupés près de la ville sunnite de Saïda, reprendront les opérations contre Israël.

(1) Ces attentats furent suivis de deux raids aériens de représailles contre les installations de la secte : raid israélien (9 novembre), raid français (17 novembre).

Chapitre IV

VERS UN LIBAN VASSAL ?

1. **Retour en force syrien.** — Dès 1983, la Syrie décide de regagner peu à peu son influence perdue au Liban. Le harcèlement de la force multinationale par les milices musulmanes alliées de Damas, atteint son point culminant le 6 février 1984 avec la prise du contrôle de Beyrouth-Ouest par les milices chiites et l'effondrement de l'armée libanaise. La 6e brigade à dominante chiite entre en dissidence. Le président Gemayel se résigne à diviser les 30 000 hommes de l'armée libanaise entre brigades druzes, chiites et chrétiennes. Les contingents de la F.M.S.B. réembarquent sans concertation : les Britanniques le 8 février 1984, les Italiens le 20 février, les Américains le 21 février et les Français le 31 mars. Ce désengagement occidental est la reconnaissance implicite de l'hégémonie syrienne sur le Liban comme moindre mal.

A la demande de Damas, le président Gemayel dénonce le traité libano-israélien de 1983 ainsi que les accords du Caire de 1969. Une réconciliation de façade entre seigneurs de la guerre et notables permet au moins la formation, le 30 avril 1984, d'un gouvernement « d'union nationale » présidé par le sunnite Rachid Karame et qui regroupe Pierre Gemayel, Nabih Berri et Walid Joumblat. L'armée israélienne harcelée au Sud-Liban par la résistance nationale (laïque) et la résistance islamique (chiite) se replie en juin 1985 en emmenant des milliers de prisonniers chiites et conserve seulement la « zone de sécurité » confiée aux 2 500 hommes de la milice de l'armée du Liban-Sud (A.L.S.) (un tiers chiites, deux tiers chrétiens), commandée par le général libanais en retraite Antoine Lahad, qu'elle encadre et finance.

Au nord, la Syrie effectue son retour à Tripoli, la deuxième ville du Liban, grand centre sunnite. Après l'expulsion d'Arafat en 1982, la ville était sous la domination des intégristes sunnites de Saïd Chabane et des frères musulmans syriens hostiles au régime laïc des Alaouites de Damas ; ils sont exterminés par les milices pro-syriennes, appuyées par l'artillerie de Damas. Tripoli tombe le 15 octobre 1985. Sa reddition restaure la crédibilité d'une *pax syriana* au Liban.

2. **Mobilisation chiite et extrémisme.** — Encadrés par 2 000 Pasdarans iraniens, anciens combattants de la guerre contre l'Irak, les militants du Parti de Dieu — Hezbollah — dirigés par le sheik Fadlallah, retranchés dans les fiefs chiites de Baalbeck et de la banlieue sud de Beyrouth, affrontent la milice Amal et les Palestiniens progressistes accusés de collusion avec les Occidentaux et Israël. Pour faire entendre leurs revendications, des militants du « Jihad islamique » détournent un Boeing de la T.W.A. sur l'aéroport de Beyrouth en juin 1985 et proposent d'échanger ses passagers contre les 1 200 prisonniers libanais détenus par Israël. Le Jihad islamique qui a revendiqué la majorité des enlèvements d'étrangers au Liban est une « nébuleuse » au sein de laquelle opèrent plusieurs groupes intégristes chiites.

Ces factions agissent indépendamment mais font allégeance au régime islamique de Téhéran. Elles sont pour certaines manipulées par les services spéciaux syriens ou libyens. Pour s'imposer au sein de la communauté chiite, des chefs locaux surenchérissent dans le terrorisme « islamique » par la prise d'otages et échappent au contrôle des responsables reconnus du chiisme libanais. L'imbroglio est aggravé par les habituelles rivalités de clans au Liban ; d'où la difficulté pour les gouvernements occidentaux de trouver des interlocuteurs crédibles dans les négociations pour la libération des otages, devenus les enjeux d'une « diplomatie coercitive » pour les Etats ou groupes qui les utilisent.

A partir de 1985, les enlèvements et assassinats d'Occidentaux revendiqués par 33 groupes distincts, dont l'O.J.R. (Organisation de la Justice révolutionnaire), s'accélèrent. Arkady Katlov, attaché consulaire soviétique, enlevé le 30 septembre 1986, est tué le 2 octobre. Denis Hill, britannique, tué le 29 mai. Alec Colett, journaliste, pendu. Le P. Kluiters, Néerlandais, étranglé le 1er avril 1985. Peter Kilburn, Legh Douglas et Philippe Padfield, de l'Université américaine, retrouvés morts le 16 avril 1985. William Burckley, attaché à l'ambassade américaine, tué le 4 octobre 1985. Colonel W. R. Higgins, des observateurs de l'O.N.U., enlevé le 17 février 1988 et pendu le 30 juillet 1989.

Otages francais. — Diplomates et journalistes sont les cibles préférées des preneurs d'otages pour la médiatisation maximale du message politique. Marcel Carton et Marcel Fontaine, fonctionnaires de l'ambassade de France à Beyrouth, sont enlevés le 22 mars 1985. Jean-Paul Kauffmann, journaliste à *L'Evénement du Jeudi*, et Michel Seurat, chercheur au C.N.R.S., sont enlevés le 22 mai 1985. Michel Seurat meurt en captivité en janvier 1986. Les trois autres Français sont libérés le 4 mai 1988 après de difficiles tractations menées par Charles Pasqua, ministre de l'Intérieur. Une équipe de TV d'Antenne 2 est enlevée le 8 mars 1986 et libérée le 27 novembre 1987. Roger Auque, journaliste, est enlevé le 13 janvier et libéré le 27 novembre 1987. Terry Waite, le pasteur britannique, médiateur envoyé par l'archevêque de Cantorbéry, enlevé le 20 janvier 1987, serait toujours détenu, avec deux autres Britanniques, 2 Allemands de l'Ouest, 1 Irlandais et 1 Italien.

3. **Mobilisation chrétienne et lutte pour le pouvoir.** — Les Forces libanaises, entraînées par deux hommes forts, Elie Hobeika et Samir Geagea, rompent début 1985 avec le parti des Kataeb (phalanges). Elles comptent 10 000 hommes, dont 3 500 soldats réguliers. Profitant du vide créé par le départ des Israéliens au Sud-Liban, cette milice maronite s'installe dans les villages de l'Iklim Al Kharroub et des environs de Saïda. La contre-attaque meurtrière des milices musulmanes provoque l'exode de milliers de Chrétiens vers le sud.

Samir Geagea, l'instigateur de cette opération, partisan de la séparation des communautés, est écarté le 9 mai par Elie Hobeika, le chef des services de renseignements des Forces libanaises. Il entame un rapprochement avec la Syrie, déclare son attachement absolu à l' « option arabe-syrienne » pour le Liban. Samir Geagea prend sa revanche neuf mois plus tard. Elie Hobeika est accusé d'être inféodé à la Syrie après avoir signé l'accord tripartite au nom des Chrétiens à Damas en décembre. Son éviction et celle de ses partisans, le 25 janvier 1986, fera des centaines de morts.

4. **Accord tripartite du 28 décembre 1985.** — Cet accord est signé par Nabih Berri pour la milice chiite Amal, Walid Joumblat pour la milice druze du P.S.P. et Elie Hobeika pour la milice chrétienne des Forces libanaises, dans le bureau du vice-président syrien Abdel Karim Kaddam. Il établit tout d'abord un cessez-le-feu, organise un désarmement, prépare la dissolution des milices et restructure l'armée libanaise sous surveillance militaire

syrienne. Il veut ouvertement corriger les déséquilibres confessionnels en réduisant les prérogatives du Président de la République, chrétien, au profit d'un conseil ministériel où les Chrétiens sont représentés à égalité avec les Musulmans. Bref, il consacre la fin de la prééminence chrétienne et l'hégémonie syrienne. Il est perçu comme une capitulation dans le camp maronite.

Le président Amine Gemayel refuse de l'entériner. A Beyrouth-Ouest, Chiites et Sunnites rejettent l'accord parce que le partage du pouvoir ne leur est pas assez favorable. Les Druzes y sont hostiles parce qu'il prévoit le retour des réfugiés chrétiens dans la montagne. Les Palestiniens craignent la mainmise syrienne alors qu'ils réarment. Les combats reprennent avec acharnement. Le président Hafez El Assad est opiniâtre : malgré cet échec, il réussira avec le parrainage de la Ligue arabe et le consentement de la France et des Etats-Unis à forger un accord intercommunautaire à Ta'if en Arabie Saoudite en octobre 1989, qui reprendra point par point l'accord tripartite avorté (1).

5. **Une partition « de facto ».** — A la faveur de l'anarchie, l'armée syrienne opère un retour en force au Liban entre février 1987 et juin 1988 à Beyrouth-Ouest, puis jusqu'aux portes de Saïda, avec 30 000 soldats. Quand s'achève la présidence d'Amine Gemayel, à l'automne 1988, les deux tiers du territoire sont occupés par la Syrie, et 10 % par Israël au sud. Le Président, accusé d'affairisme

(1) « Implacable, le Président syrien exécute ses desseins avec patience et obstination. Il ne se précipite jamais, ne s'énerve guère, ne s'emporte pas davantage. Sachant attendre les occasions propices, renforçant ses atouts et laissant s'enferrer ses adversaires », Karim Pakradouni, état-major des forces libanaises dans *La paix manquée, le mandat d'Elias Sarkis (1976-1982)*, Beyrouth, 1984.

— un comble au Liban — n'est obéi qu'autour de son palais de Baabda et dans son fief de Bikfaya. Le « réduit chrétien » comprenant les montagnes maronites du Kesrouan et du Metn est contrôlé par la milice des Forces libanaises qui lui est hostile.

Malgré la multiplication des candidatures, les députés ne réussissent pas à s'entendre sur le nom d'un successeur au président Gemayel avant la fin de son mandat, le 22 septembre 1988, et ce malgré la candidature de Soleiman Frangié, soufflée par les Etats-Unis et la Syrie. Dans la précipitation, Amine Gemayel désigne le 23 octobre 1988 le général en chef de l'armée libanaise, Michel Aoun, comme Premier Ministre. Celui-ci forme un nouveau gouvernement qui compte trois officiers supérieurs chrétiens.

A Beyrouth-ouest, Sélim Hoss, Premier Ministre par intérim depuis l'assassinat de Rachid Karamé le 1er juin 1987 (une bombe fait exploser en vol l'hélicoptère de l'armée libanaise qui le transportait), maintient un gouvernement rival de cinq membres. Le général Aoun, depuis le palais de Baabda, et Sélim Hoss s'entendent tant bien que mal pour faire fonctionner une administration commune et co-signent les paiements des salaires des fonctionnaires par la Banque centrale. Michel Aoun, qui veut restaurer les institutions libanaises, manque de moyens. Il s'attaque aux ports « illégaux » par où transitent les armes et la drogue de la plaine de la Bekaa, en commençant par le port de Beyrouth d'où les forces libanaises tirent une part importante de leurs revenus financiers. La mise au pas de la milice commandée par Samir Geagea (1) en

(1) Né en 1952, dans une famille modeste. Après des études de médecine, il rejoint, à 23 ans, la milice des Forces libanaises de Bechir Gemayel. Il reçoit une formation militaire poussée en Israël,

février 1989 par les brigades chrétiennes de l'armée libanaise fait naître des rancœurs, lourdes de conséquences pour le général Aoun dans le camp chrétien. Les combats fratricides font des dizaines de morts, y compris dans la population civile. Logiquement, le général Aoun décrète la fermeture des ports illégaux, contrôlés au sud par les milices chiites de Nabih Berri et druzes de Walid Joumblat en instaurant un blocus avec des vedettes rapides. L'artillerie syrienne bloque, en représailles, les ports chrétiens de Beyrouth et de Jounieh. Le général Aoun déclenche le 14 mars 1989 « la guerre de libération » contre l'occupation syrienne au Liban. Il reçoit l'encouragement de l'OLP et des armes de l'Irak. Mais les obus pleuvent sur le palais de Baabda et la montagne chrétienne à chaque déclaration hostile aux Syriens du général rebelle. Le réduit chrétien (1 500 km^2, 800 000 habitants) est isolé.

Les violents bombardements réciproques sur Beyrouth provoquent une détérioration dramatique de la situation sanitaire : coupure de l'eau, de l'électricité, du téléphone, pénurie de médicaments. Le secrétaire d'État français à l'Aide humanitaire, Bernard Kouchner, organise le 11 avril 1989 le rapatriement des grands blessés des deux camps vers le navire hôpital *La Rance*. Le pétrolier français *Penhors* ravitaille la centrale électrique de Zouc sous les obus.

comme la plupart des cadres de cette milice. Il participe avec un courage farouche à de nombreuses opérations et coups de main (attaque contre les Frangié à Ehden). Les 6 000 hommes des Forces libanaises qu'il commande (dont deux tiers de réservistes) sont entretenus grâce à un impôt forcé, prélevé en zone chrétienne, un pourcentage du chiffre d'affaires des commerces, hôtels-restaurants. Les Forces libanaises contrôlent deux radios : la Voix du Liban et la Voix du Liban libre, ainsi que deux télévisions : L.B.C., Lebanese Broadcasting Corporation, qui a l'écoute la plus forte du pays, et la C. 33, le canal francophone.

Malgré un cessez-le-feu établi par la Ligue arabe le 11 mai 1989, les bombardements ne cessent pas de l'été. Le grand mufti sunnite, le cheikh Hassan Khaled, est tué dans un attentat à Beyrouth-Ouest le 16 mai 1989. Il refusait de condamner la guerre de libération du général Aoun. Le responsable du Hezbollah au Sud-Liban, cheik Abdel Karim Obeid, est enlevé par un commando israélien le 28 juillet 1989. Au mois d'août, les Druzes, appuyés par l'artillerie syrienne, accentuent la pression militaire sur le verrou stratégique de Souk el Gharb en bordure du réduit chrétien. Cependant, impressionnée par la détermination du général Aoun, la Ligue arabe impose un cessez-le-feu le 23 septembre 1989. (La « guerre de libération » a fait en six mois 1 058 morts, 5 000 blessés et 1 milliard de dollars de dégâts). L'Arabie Saoudite parraine dans sa ville oasis de Ta'if une « réunion de réconciliation » le 30 septembre 1989 entre députés chrétiens et musulmans en nombre réduit. Sur les 99 élus en 1972, 26 sont morts, une vingtaine sont en exil.

Après vingt-deux jours de « palabres », les députés approuvent le projet de « charte de réconciliation nationale » mis au point par la Ligue arabe.

6. **Accord de Ta'if.** — Comme l'accord tripartite du 28 décembre 1985, l'accord de Ta'if prévoit la diminution des pouvoirs du chef de l'Etat au profit de ceux du Premier Ministre et du président de l'assemblée. La représentation proportionnelle des différentes communautés au Parlement est abandonnée au profit d'une répartition égale de sièges entre Chrétiens et Musulmans. Le système paritaire est maintenu au Conseil des Ministres qui détient le pouvoir exécutif. A la place du diumvirat maronite-sunnite au sommet de l'Etat, mis en place par

le Pacte national de 1943, c'est un organe représentatif de l'ensemble des communautés qui gouverne le pays.

Dans les domaines essentiels pour l'une ou l'autre des communautés, une décision ne peut être adoptée par le Conseil des Ministres qu'à la majorité des deux tiers. De plus, la démission d'un tiers des membres de cet organisme entraîne la démission collective du gouvernement. Ces mécanismes doivent rendre incontournable la recherche du compromis et du consensus. L'accord de Ta'if décrit « l'abolition du communautarisme politique par étapes comme un objectif national essentiel », mais confirme paradoxalement le caractère communautaire de la société libanaise en précisant que « tout pouvoir qui serait en contradiction avec le pacte de vie en commun n'aurait pas de légalité ». Les députés veulent prévenir à nouveau toute domination d'une communauté sur l'autre, ainsi que toute tentation jacobine. Enfin, l'identité libanaise est précisée sans équivoque : « Le Liban est arabe, d'appartenance et d'identité. »

L'accord prévoit aussi le désarmement des milices et le regroupement des forces syriennes dans la plaine de la Bekaa, ainsi que le retrait ultérieur de ces forces, *ainsi que des forces israéliennes*, mais sans que la date de ces retraits soit précisée — et enfin, des élections « libres ».

7. Aoun, l'homme du refus chrétien. — Le général Aoun et ses partisans refusent l'accord de Ta'if parce qu'il « titularise l'hégémonie syrienne sur le Liban ». Comme bon nombre de Maronites, le général Aoun refuse de voir les Chrétiens mis en minorité dans ces nouvelles institutions et repousse l'idée d'un Etat chrétien réduit à d'étroites limites, dont se contenteraient les Forces libanaises. Le général choisit la fuite en avant et dissout le parlement.

Le 4 novembre 1989, afin de faire redémarrer les institutions, 58 députés, réunis sur l'aéroport militaire de Kléat gardé par l'armée syrienne, élisent un des leurs, René Moawad, Président de la République. Cet avocat tranquille est tué dans un attentat à Beyrouth-Ouest, le 28 novembre suivant. Elias Hraoui est élu président à Chtaura, trois jours plus tard. Le général Aoun rejette ces deux élections.

Le nouveau président charge le sunnite Selim Al-Hoss de former un gouvernement dont le premier acte est de démettre le général Aoun de ses fonctions de général en chef de l'armée libanaise et de nommer le général Emile Lahoud à sa place. Le général Aoun se proclame alors Président du Liban libre. Le 29 novembre 1989 d'importants mouvements de troupe syriens sont signalés sur les hauteurs de Beyrouth. Des milliers de partisans du « Général » se mobilisent autour du palais présidentiel de Baabda rebaptisé « maison du peuple ».

Le 8 décembre 1989, le président Hraoui, depuis Beyrouth-Ouest occupé par l'armée syrienne, annonce que le général Aoun a deux semaines pour quitter le palais de Baabda.

Le 30 janvier 1990, Aoun ordonne le désarmement des Forces libanaises de son rival Samir Geagea qu'il accuse de négocier secrètement avec le gouvernement pro-syrien de Selim Al-Hoss. C'est le début de violents affrontements interchrétiens à Beyrouth-Ouest qui se poursuivront pendant quatre mois et feront 740 morts et 2 400 blessés. Le 21 août 1990, le parlement ranime l'accord de Ta'if en votant les amendements constitutionnels pour un rééquilibrage du pouvoir en faveur des Musulmans. Un mois plus tard, le président Hraoui les promulgue et annonce l'avènement de la *IIe République libanaise.* Le doute assaille le général Aoun qui semble fléchir en déclarant le 25 septembre que « certains des intérêts syriens ne sont pas en contradiction avec ceux du Liban ».

Le 10 octobre, la fin de celui que ses ennemis qualifient de « Don Quichotte » libanais est proche. Le président Hraoui demande officiellement à la Syrie une aide militaire pour déloger le général Aoun, après avoir imposé un blocus alimentaire au « réduit d'Aoun ». Le 11 octobre, l'infanterie syrienne appuyée par les chars et l'artillerie fait mouvement vers la ligne de front. Le 12 octobre, des milliers de partisans d'Aoun forment une chaîne humaine autour de l'enclave chrétienne pour dissuader les forces syriennes d'attaquer. Le 13 octobre à 7 h 30 du matin, le général Aoun annonce sa reddition dans l'enceinte de l'ambassade de France.

Le président Hraoui refuse d'autoriser le départ du général vers la France, sous le prétexte qu'il détiendrait d'importantes sommes réclamées par l'Etat libanais (1).

8. **Le traité libano-syrien du 22 mai 1991.** — L'alliance de circonstance, anti-Saddam Hussein, conclue entre la Syrie et les Etats-Unis pendant la guerre du Golfe et scellée par la rencontre Georges Bush — Hafez El Assad, le 23 novembre 1990 à Genève, laisse le champ libre à Damas pour renforcer sa tutelle sur le Liban. Les milices se plient aux termes de l'accord de Ta'if. Elles font place progressivement à l'armée libanaise qui reprend le

(1) Le général Aoun a gagné la France le 30 août.

contrôle du grand Beyrouth (fin 1990), aux côtés de l'armée syrienne (pour la première fois depuis plus de huit ans).

En mai 1991, les milices rendent leurs armes (en partie). Le gouvernement étudie les possibilités de reclassement des 30 000 miliciens des diverses organisations dans l'armée libanaise. Le 22 mai 1991, un traité de *fraternité, coordination et coopération* syro-libanais, signé par le président libanais Helias Hraoui et le président syrien Hafez El Assad à Damas consacre juridiquement l'hégémonie syrienne sur le Liban. Cette *pax syriana* est acceptée avec fatalité par les Libanais qui redécouvrent avec un soulagement — sans doute provisoire — une vie quotidienne sans bombardement, sans pénurie, sans enlèvement et sans milices.

Le général Aoun, un patriote rebelle. — Né en 1935 dans une famille maronite pauvre de la banlieue sud de Beyrouth, la carrière militaire dont il gravit un à un tous les échelons est l'instrument de sa promotion sociale. Il effectue un stage aux Etats-Unis, à Fort-Seale en 1966 et en France à l'Ecole supérieure de Guerre de 1978 à 1980. Il acquiert sa légitimité de chef de guerre en 1983 à Souk El-Gharb. Dans ce village de la montagne qui surplombe Beyrouth, il stoppe avec la 8e brigade la progression des milices pro-syriennes qui menaçaient alors le territoire chrétien. Artilleur de formation, il est nommé en 1984 général de brigade puis commandant en chef d'une armée libanaise divisée, avec l'accord des responsables musulmans. Si les 15 000 hommes qu'il commande sont en majorité chrétiens, les Musulmans sont sensibles à « l'esprit de corps » et aux discours violemment anti-syriens qu'il développe. A cause de son nationalisme libanais exacerbé, dans la confusion de sa nomination comme Premier Ministre en 1988, il se sent investi d'une mission : « Sauver la patrie en danger. » Paradoxalement, son obstination à maintenir une légalité de façade dans le fonctionnement des institutions libanaises l'entraînera dans un « engrenage partitionniste ».

Il s'appuie sur le peuple du réduit chrétien pour garder son pouvoir. Réputé intègre, il heurte de front toutes les féodalités et la classe politique, toutes confessions confondues, qu'il dit

« mépriser ». Son intransigeance galvanise quelques milliers de partisans qui lui manifestent régulièrement leur soutien, autour du palais de Baabda en ruine, cible principale des tirs de l'artillerie syrienne. Le général Aoun a bravé seul Damas puisque, des Arabes au Pape, de Washington à Moscou, et même de Paris à Bagdad, tous l'ont pressé de céder aux exigences syriennes. C'est donc un homme abandonné qui décide le 13 octobre 1990 de cesser le combat, et qui demande asile à l'ambassade de France.

CONCLUSION

La résurrection d'un Liban indépendant est-elle encore concevable aujourd'hui ?

Au moment où nous écrivons ces lignes, le protectorat syrien impose une certaine paix. Il n'est pas certain que cette situation soit durable, encore moins définitive.

En seize ans, la guerre du Liban a provoqué des pertes effroyables : près de 150 000 morts dans un pays de 3 millions d'habitants ; plus de 30 % de la population a été déplacée, un tiers de la population active s'est exilée (1). Les dégâts matériels sont immenses : l'habitat a été ravagé, l'industrie paralysée par les destructions, la dispersion de la main-d'œuvre, la rupture des courants commerciaux. Le secteur tertiaire qui joue dans l'économie libanaise un rôle essentiel a été gravement atteint : le tourisme a disparu, la moitié de la structure hôtelière est détruite ; seule la banque a résisté. Les moyens de communication n'ont pas été épargnés ; le port de Beyrouth, poumon du Liban, a été dévasté. L'agriculture a subi des dégâts moindres ; mais des secteurs entiers ont été abandonnés par les paysans.

(1) Un bilan établi en 1987 par les forces de sécurité intérieure fait état de 130 000 tués, auxquels on doit ajouter plusieurs dizaines de milliers de disparus. Parmi les émigrés : 55 % des médecins et 48 % des ingénieurs libanais.

Après tous ces massacres et toutes ces destructions, les Libanais ont-ils encore le goût et la volonté de vivre ensemble ? Peut-être, si la paix perdurait. Mais est-ce possible ?

Il y a toujours 400 000 Palestiniens au Liban, et ce peuple, quelque sympathie que l'on puisse éprouver pour son injuste misère, ce « peuple en trop », utilisé et répudié par tous ses frères arabes, est un cancer qui ronge le pays. La Syrie occupe les deux tiers du territoire, Israël installe son administration au sud du Zahrani. Pour que la paix revienne, il faudrait, d'abord, que les Libanais extirpent leurs contradictions et leurs trahisons propres : que les Chrétiens comprennent que, si le Liban ne peut pas exister sans eux, il ne peut pas non plus exister sans les autres ; que les Phalanges cessent de parasiter l'Etat avec arrogance ; que les Chiites sortent d'un isolement qui les conduit au fanatisme, que les Sunnites se donnent des chefs jeunes et réalistes ; que les Druzes du Chouf abandonnent le chef irresponsable qui tente d'en faire des massacreurs, que les notables renoncent au goût insensé des privilèges et au service de la Syrie ou d'Israël, que les jeunes sachent que la violence dans laquelle ils ont été élevés n'est pas un mode privilégié d'expression. Après quoi les Libanais pourraient régler, entre eux, les grandes questions concernant le confessionnalisme et leurs structures politiques.

Mais il faudrait aussi que l'arabisme incontestable du Liban ne soit plus prétexte à empiéter sur sa souveraineté, que les Palestiniens soient équitablement répartis entre tous les pays arabes, que les Syriens et les Israéliens, abandonnant leurs prétentions absurdes et hypocrites, évacuent le pays et renoncent à « brouter au même râtelier l'herbe empoisonnée de leur concupiscence » (1). Et il faudrait enfin que les Etats-Unis et l'U.R.S.S. (2) cessent de faire retentir dans cette partie du monde les échos meurtriers de leurs rivalités.

Après tout cela, l'espoir est-il encore possible ? Oui, car le Liban est terre de miracle, habitée par un peuple qui a montré un courage, une faculté d'adaptation, une capacité d'entreprise dont il n'est pas d'autre exemple dans le monde. Si ces qualités ne permettent pas aux Libanais de vaincre les démons qui les habitent et qui les environnent, alors le Liban disparaîtra, partagé, au mieux, entre principautés vassales de la Syrie et d'Israël. Alors le Liban disparaîtra, qui aura été, jusqu'à son martyre, un miracle de tolérance, la terre de tous les refuges, sur laquelle avaient fleuri les civilisations du désert et celles de la Méditerranée, le dernier relais entre l'Occident et l'Orient, aussi utile à l'un qu'indispensable à l'autre.

(1) René Habachi, *La sale besogne* (*Le Monde*, 14 septembre 1983).
(2) Ou ce qu'il en reste.

BIBLIOGRAPHIE

H. Lammens, *La Syrie*, Beyrouth, Imprimerie catholique, 1921.
Michel Chebli, *Une histoire du Liban*, Beyrouth, 1955.
Pierre Rondot, *Les institutions politiques du Liban*, Paris, 1947.
— *Les structures socio-politiques de la nation libanaise*, Paris, 1954.
Camille Chamoun, *Crise au Moyen-Orient*, Paris, 1963.
Philip Hitti, *Lebanon in History*, Londres, 1957.

***

L'Orient, *Le Jour*, *Horizon 80*, Beyrouth, 1977.
Antoine Azar, *Le Liban face à demain*, Beyrouth, 1978.
Benassar, *Anatomie d'une guerre et d'une occupation*, Paris, 1978.
Albert Bourgi et Pierre Weiss, *Les complots libanais*, Paris, 1978.
René Chamussy, *Chroniques d'une guerre : Le Liban, 1975-1977*, Paris, 1978.
Kamal Joumblat, *Peur pour le Liban*, Paris, 1978.
Ghassan Tueni, *Peace-Keeping Lebanon : The Facts, the Documents*, New York, 1980.
Antoine Jabre, *La guerre du Liban. Moscou et la crise du Proche-Orient*, Paris, 1980.
Mouïne Adal, *Le Liban, milieu et population*, Okaybe (Liban), 1981.
A. de Chalvron, *Le piège de Beyrouth*, Paris, 1982.
David C. Gordon, *The Republic of Lebanon : Nation in Jeopardy*, Londres, 1983.
A. Laurent et A. Basbous, *Une proie pour deux fauves*, Beyrouth, 1983.
Georges Naccache, *Un rêve libanais*, Beyrouth, 1982.
Institut français de Polémologie, *Les crises du Liban, 1958-1982*, Paris, 1983.
Jonathan C. Randal, *Going All the Way...*, New York, 1983, traduit en français sous le titre : *La guerre de mille ans*, Paris, 1984.
Jacobo Timerman, *Israël au Liban : la guerre des consciences*, Paris, 1983.
Paul-Marc Henry, *Les jardiniers de l'enfer*, Paris, 1984.
Ghassan Tueni, *Une guerre pour les autres*, Paris, 1985.
Georges Corm, *Géopolitique du conflit libanais*, Paris, 1986.
Jacques Nantet, *Histoire du Liban*, Paris, 1986.
A. Laurent, A. Basbous, *Guerres secrètes au Liban*, Paris, 1986.
Michel Seurat, *L'état de barbarie (textes posthumes)*, Paris, 1989.
Ghassan el Ezzi, *L'invasion israélienne du Liban. Origines, finalités, effets pervers*, Paris, 1990.
Daniel Rondeau, *Chronique du Liban rebelle, 1988-1990*, Paris, 1991.
Georges Corm, *Le Proche-Orient éclaté, 1956-1991*, Paris, 1991.

REVUES ET JOURNAUX

Maghreb-Mecherek, Paris, La Documentation française, trimestriel.
Defense nationale, Paris, mensuel.
Le Monde diplomatique, Paris, mensuel.
Les Cahiers de l'Orient : dossier Liban, nos 16, 14, 4e trimestre 1989.
Revue des Deux Mondes : Liban, septembre 1990.
L'Orient-Le Jour, Beyrouth, quotidien.
An Nahar, Beyrouth (en arabe), quotidien.

***

Les Fiches du monde arabe, Beyrouth.

TABLE DES MATIÈRES

Imprimé en France
Imprimerie des Presses Universitaires de France
73, avenue Ronsard, 41100 Vendôme
Novembre 1994 — N° 40 888